"互联网+"新形态一体化系列丛书

老年人活动策划与组织

主　编　黄　琳　蔡山彤　马　荣
副主编　宋亚荣　孙　娜
参　编　隋国辉　李巧霞　张　翼
　　　　杨　凤　李　丹

北京理工大学出版社
BEIJING INSTITUTE OF TECHNOLOGY PRESS

版权专有　侵权必究

图书在版编目(CIP)数据

老年人活动策划与组织 / 黄琳,蔡山彤,马荣主编. -- 北京：北京理工大学出版社,2021.11
ISBN 978-7-5763-0665-1

Ⅰ.①老… Ⅱ.①黄… ②蔡… ③马… Ⅲ.①老年人－活动－组织管理学 Ⅳ.①C936

中国版本图书馆 CIP 数据核字(2021)第 227917 号

出版发行 / 北京理工大学出版社有限责任公司
社　　址 / 北京市海淀区中关村南大街 5 号
邮　　编 / 100081
电　　话 / (010)68914775（总编室）
　　　　　(010)82562903（教材售后服务热线）
　　　　　(010)68944723（其他图书服务热线）
网　　址 / http://www.bitpress.com.cn
经　　销 / 全国各地新华书店
印　　刷 / 定州市新华印刷有限公司
开　　本 / 787 毫米 × 1092 毫米　1/16
印　　张 / 11.5　　　　　　　　　　　　　　　　　责任编辑 / 封　雪
字　　数 / 262 千字　　　　　　　　　　　　　　　文案编辑 / 毛慧佳
版　　次 / 2021 年 11 月第 1 版　2021 年 11 月第 1 次印刷　责任校对 / 刘亚男
定　　价 / 34.00 元　　　　　　　　　　　　　　　责任印制 / 边心超

图书出现印装质量问题，请拨打售后服务热线，本社负责调换

前　言

近年来，随着人口老龄化进程的加速，养老问题已日益成为影响我国未来发展的重要问题。人口老龄化是当下不可避免的社会事实，因此如何确保老年人的生活质量，如何为老年人营造积极开放的活动环境，最终实现积极老龄化就成为必须解决的问题。这些问题对现有的养老行业从业人员和组织团体构成了极大的挑战。国内的养老机构、老年公寓、社区等越来越重视老年人精神文化生活的构建，为老年人提供全人、全方位、全过程的为老服务，满足老年人多维度、多层次的精神追求，实现老年人与社会环境之间的平衡，帮助老年人全方位适应社会。因此，迫切需要一批专业的策划人才与组织管理人才应对挑战。

目前，老年人活动策划与组织在取得长足进步的同时也发生了日新月异的变化。现在，许多相关院校围绕老年人活动策划领域开展的营销、公关、商务、传播等课程建设和教材建设极大提升了老年服务相关专业学生的从业竞争力，但是关于老年人活动策划与组织的相关资料和书籍尚且不足，没有形成完整的体系。

本书在借鉴和吸取其他先进活动策划与组织的理念、观点、方法的基础上，结合大量的社会实践和社会工作专业方法，以中职院校教学要求为依据，以案例为依托，旨在培养学生的实务操作能力。

本书采用项目管理的方法，从整体到部分，对老年人活动策划与组织进行分析，以通俗易懂的语言和生动翔实的案例解读了老年人活动策划与组织的相关知识。首先，本书从认识老年人、认识老年人活动、认识老年人活动策划、老年人活动策划五个阶段进行总述，以期读者对老年人活动策划与组织产生整体认知；其次，本书从老年人活动组织与运营的角度讲解组织老年人活动在每个阶段必须完成的任务与注意事项，读者可以通过阅读该部分了解具体活动流程，参考其中的案例；再次，本书介绍了老年人活动营销宣传的基本知识，着重讲解营销软文的写作，以期提升活动的影响力；最后，本书提供了老年人活

动策划与组织实例让读者参考，使读者从中获得灵感和启发。

本书由西南财经大学天府学院黄琳和蔡山彤以及黑龙江省民政职业技术学校马荣担任主编，由宋亚荣和孙娜担任副主编。另外，隋国辉、李巧霞、张翼、杨凤、李丹也参与了本书的编写工作。编者在此对大家表示真诚的感谢。

由于编者水平有限，书中难免存在错误和疏漏之处，希望广大读者批评指正。

编 者

目 录

项目一　老年人活动策划与组织总述 …………………………………………………… 1
 任务一　认识老年人 ………………………………………………………………… 2
  一、老年人的生理特点 …………………………………………………………… 2
  二、老年人的心理特点 …………………………………………………………… 3
  三、老年人的社会特点 …………………………………………………………… 6
 任务二　认识老年人活动 …………………………………………………………… 9
  一、老年人活动的定义 …………………………………………………………… 9
  二、老年人活动的作用 ………………………………………………………… 10
  三、老年人活动的现状 ………………………………………………………… 11
  四、开展老年人活动的必要性 ………………………………………………… 12
 任务三　认识老年人活动策划 …………………………………………………… 13
  一、老年人活动策划的内涵 …………………………………………………… 14
  二、老年人活动策划的分类 …………………………………………………… 14
  三、活动策划人的职业素养 …………………………………………………… 18
 任务四　老年人活动策划的五个阶段 …………………………………………… 18
  一、前期调研 …………………………………………………………………… 19
  二、活动设计 …………………………………………………………………… 25
  三、活动筹备与执行 …………………………………………………………… 30
  四、活动评估 …………………………………………………………………… 30
  五、撰写活动策划书 …………………………………………………………… 31

项目二　老年人活动组织与运营 ……………………………………………………… 35
 任务一　活动筹备 ………………………………………………………………… 36

一、活动筹备的定义 ………………………………… 36
　　二、活动筹备的重要性 ……………………………… 36
　　三、活动筹备概述 …………………………………… 36
　　四、撰写活动策划书 ………………………………… 39
　　五、筹备活动时间 …………………………………… 40
　　六、筹备活动地点 …………………………………… 42
　　七、筹备人力资源 …………………………………… 44
　　八、筹备活动物料 …………………………………… 46
　　九、活动预算 ………………………………………… 46
　　十、活动危机 ………………………………………… 47
　任务二　活动执行 ……………………………………… 49
　　一、执行的定义 ……………………………………… 50
　　二、活动现场 ………………………………………… 52
　　三、创建计划表 ……………………………………… 53
　　四、"总导演"坐镇现场指挥 ……………………… 56
　　五、突发事件的处理 ………………………………… 57
　任务三　活动评估 ……………………………………… 58
　　一、活动后评估安排 ………………………………… 59
　　二、活动评估的目的 ………………………………… 59
　　三、活动评估的方法 ………………………………… 59
　　四、活动评估的内容 ………………………………… 62
项目三　活动营销宣传 …………………………………… 67
　任务一　认识活动营销 ………………………………… 67
　　一、活动营销的定义 ………………………………… 68
　　二、活动营销的背景 ………………………………… 70
　　三、活动营销的变革 ………………………………… 72
　任务二　活动营销的方法 ……………………………… 73
　　一、活动营销策划 …………………………………… 74
　　二、活动营销的具体模式 …………………………… 75
　任务三　活动营销的软文撰写 ………………………… 78
　　一、宣传文案写作策略 ……………………………… 78
　　二、营销文案的推广模式 …………………………… 82
　　三、活动策划中的宣传文案 ………………………… 84
项目四　老年人活动策划与组织实例 …………………… 87
　任务一　群众性老年人活动的实例 …………………… 87
　　一、老年人学习类活动及示例 ……………………… 88

二、老年人娱乐类活动及示例 …………………………………………………… 104
任务二　专业性老年人活动的实例 ………………………………………………… 142
　　一、专业性老年人活动的组织原则 ……………………………………………… 142
　　二、专业性老年人活动的形式与内容 …………………………………………… 144
　　三、专业性老年人活动策划书示例 ……………………………………………… 145
参考文献 …………………………………………………………………………………… 174

项目一 老年人活动策划与组织总述

【知识目标】

○ 了解老年人的生理特点。
○ 了解老年人的心理特点。
○ 了解老年人的社会特点。
○ 了解老年人活动策划的基本概念。
○ 了解老年人活动策划的分类与原则。
○ 熟悉老年人活动的概念、作用等。
○ 熟悉老年人活动策划书的板块和内容。
○ 掌握开展老年人活动的必要性。
○ 掌握老年人活动策划的方法和具体流程。

【能力目标】

◇ 具备认识老年人生理特点、心理特点及社会特点的能力。
◇ 能够结合老年人的相关特征,思考活动类型。
◇ 具备撰写老年人活动策划书的能力。
◇ 能够灵活运用活动策划的各种方法和模式,结合具体情境和主题完成活动策划。

任务一 认识老年人

徐女士，59岁，退休工人，初中文化程度。她一生经历坎坷，总觉得身不由己、厄运缠身。初中毕业后，一场大病夺去了她上高中的机会；结婚后不久，丈夫另觅新欢，离她而去；进入老年期后，第二任丈夫突发脑出血，没来得及留下一句话就撒手人寰。从此，徐女士变得情绪低落，一生中遇到的挫折不断在脑海中回放，她觉得自己似乎是家人的克星，开始悲观厌世。她不愿与朋友来往，因为别人的欢乐反而会增加自己的痛苦。她常常独坐一隅，暗自伤心落泪。由于长期情绪低落，徐女士的思维变得迟钝。

表现出的具体状况如下：兴趣丧失，无愉快感；精力减退，精神不振，疲乏无力；言行减少，好独处，不愿与人交往；自我评价下降，自责自罪，有内疚感；反复出现想死的念头，有自杀倾向；对前途悲观绝望，有厌世心理；自觉病情严重，有疑病倾向；睡眠欠佳，失眠早醒；食欲不振，体重明显减轻；记忆力明显下降、反应迟钝。

医生诊断：老年抑郁症。广义的老年抑郁症是指老年期（≥60岁）人群所患的抑郁症，包括原发性（含青年或成年期发病以及老年期复发）和见于老年期的各种继发性抑郁症。狭义的老年抑郁症特指60岁以上首次发病的原发性抑郁。

讨论与思考：老年人由于生理变化、心理变化、社会角色转换，会出现抑郁、消极的情绪。那么如何解决老年人的此类问题呢？怎样通过策划活动来减轻或消除老年人的这些问题呢？

首先我们要了解老年人的生理、心理及社会特点，再针对这些特点选择适合他们的活动形式。

一、老年人的生理特点

老年期的典型特征就是"老"，而人的老化体现最明显的是生理方面。这种生理特征不仅表现在外观形态方面，还反映在人体内部的细胞和各大系统的变化方面。

(一)身体老化

老年人须发变白,脱落稀疏;皮肤变薄,皮下脂肪减少,出现皱纹;牙龈组织萎缩,牙齿松动脱落;骨骼肌萎缩,骨钙丧失或骨质增生,关节活动不灵;身高、体重随年龄增长而降低(35岁以后人的身高每10年降低1 cm),出现弯腰驼背的体征;指距随年龄增长而缩短;其他还有语言缓慢、耳聋眼花、手指发抖、运动障碍等。需要特别说明的是,上述这些变化根据个体的健康状况、精神状态、生活质量不同而存在差异。

(二)细胞组织、器官萎缩

日本学者经过长期研究发现,细胞数量减少是导致衰老的主要原因。随着物理上的改变,脏器和组织的使用效率逐步降低,因此人体机能也会发生一些变化。

1. 储备力下降

在正常情况下,人体各器官均有一定的机能储备以应付各种紧急情况,老年人的肌肉、心、肺等储备能力较年轻人低,快步行走或活动量较大时会出现气短、心悸等不适感。老年人的心脏血输出量较年轻人低约35%,因此,当老年人遇到一些额外负荷时(如寒冷、发热、疲劳、感染等),常会发生心肌梗死、心力衰竭等严重后果;而在同样负荷下,年轻人则完全可以承受。综上,老年人的机能储备减少是机体疾病易感性增高的原因之一。

2. 适应能力降低

老年人对内外环境的适应能力大大降低。人体对外环境的抵抗力包括免疫防御、自稳、监视等免疫机能和对高温、寒冷、创伤、射线、疲劳等非特异性、伤害性刺激的承受能力。老年人的这些能力大大减弱,疾病的易感性大大增加。

3. 反应迟钝,活动能力下降

老年人的各种感觉器官的结构与功能都有不同程度的衰退,如记忆力下降、体力减弱,运动的灵敏性和准确性降低,从而出现反应迟钝、活动能力减弱的现象,而且稍有不慎,跌倒、骨折、外伤等意外事故就会发生,并带来严重后果。

(1)上述这些生理特点会对老年人的心理造成什么影响?
(2)老年人的生理状况与心理状况有什么联系?

二、老年人的心理特点

随着年龄的增长,老年人的认知功能缓慢衰退,学习速度变慢,记忆力下降。这些都会影响日常生活,对心理健康产生冲击。一般情况下,老年人的心理承受能力会出现很大

幅度的降低，遇到困难或挫折时，情绪反应更为激烈，这些对身心健康的影响也更为明显。

（一）老年人智力可塑

人的智力分为晶态智力与液态智力。晶态智力主要是后天习得的，与知识、文化和日常生活经验的积累相关，包括调适能力、动机、常识、语言理解能力和社会认知能力等；液态智力主要和神经的生理结构与功能相关，而与知识、文化背景关系较小，包括记忆力、推理能力、计算能力和联想能力等。

人进入老年期之后，发生退化的主要是液态智力，而与晶态智力相关的分析能力、判断能力和思维能力等却随着年龄的增长有所提高。也有学者发现，老年人的智力存在一种"临终衰降"现象，即老年人的智力在死亡前的若干时间（一般2～3年）明显下降，如语言能力突然丧失，认知功能加速衰退等。

也就是说，老年人的智力不是全面衰退的，他们在实际生活中依然能够依据经验、认知等解决复杂问题，智力依然具备可塑性。因此，老年人坚持用脑和进行体育活动，有利于保持较高的社会机能和智力水平。

（二）区别看待老年人记忆减退

成年人的记忆活动随着年龄的增长而发生变化，可以从与之相关的三个内容变化上来了解老年人记忆的变化特征。

1. 从记忆的过程来看

从记忆的过程来看，人的记忆分为初级记忆与次级记忆。初级记忆是人们对刚刚看过或听过的、当时还在脑子里留有印象的事物的记忆。初级记忆随着人的老化而衰退，但较为缓慢，与年轻人的差异并不显著。次级记忆是已经看过或听过了一段时间的事物，使用复述或其他方式进行加工编码，由短时储存转入长时储存，进入记忆仓库，需要时再加以提取。这类记忆保持时间较长。老年人对信息加工的速度较慢。因此，次级记忆随老化而衰退的程度明显大于初级记忆。大量实证研究表明，老年人对年轻时发生的事往往记忆犹新，而对最近发生的一些事情的记忆力却较差，甚至会出现事实混乱、情节支离破碎、张冠李戴的现象。

因此，人进入老年期之后，初级记忆状况明显强于次级记忆状况。

2. 从记忆的内容来看

从记忆的内容来看，人的记忆分为意义记忆与机械记忆。由于老年人对有逻辑关系和有意义的内容，尤其是一些重要的事情或与自己专业、先前的经验和知识相关的内容，记忆保持较好。这说明目前的信息储存与过去已学过的内容能很好地保持联系，即意义记忆保持得较好。相反，老年人对于需要死记硬背、无关联的内容则很难记住，机械记忆减退较多，出现减退较早。由此可见，老年人意义记忆的减退明显晚于机械记忆的减退。

3. 从记忆的再认来看

从记忆的再认来看，老年人的再认能力明显比再现能力要好。所谓再认能力是当事人对看过、听过或学过的事物再次呈现在眼前时的辨认能力，而再现能力则是让曾经的记忆对象在头脑中呈现出来的记忆能力，老年人的再现能力要弱于再认能力。

总之，老年人的记忆虽然出现了衰退趋势，但在衰退时间、衰退速度和衰退程度等方面存在很大的个体差异，而且记忆的衰退也不是全面的，而是部分在衰退，主要是次级记忆、机械记忆与再现记忆衰退较快。老年人的记忆减退与很多因素有关，在一定条件下是可以得到延缓与逆转的。

(三) 老年人需要情感支持

随着健康水平的下降，老年人离退休后脱离了原有的工作岗位，而子女又逐渐独立并成家单过，因此生活环境和角色地位也发生了较大的改变，情绪和情感方面也发生了较大变化。一般而言，老年人在情感方面呈现出如下特征。

1. 老年人关注自身健康状况的需求增强

随着年龄的增长，老年人的健康状况每况愈下，因此变得更加关注自己的身体，对疾病也较为重视。尤其是老年女性，怀疑自己患病和有失眠现象的明显多于老年男性。

2. 老年人对自己的情绪表现和情感流露更倾向于控制

老年人在日常生活中常常会掩饰自己的真实情感，"不以物喜，不以己悲"在他们身上体现得更为明显。

3. 消极悲观的负面情绪逐渐开始占上风

不可否认的是，老年期是负性情绪的多发阶段，由于空巢、丧偶、好友离世等负性生活事件的冲击，老年人经常会产生消极的情绪反应。

情感慰藉和心理支持对老年人非常重要。老年人在社会生活中受到尊重以及对于被接纳的满意程度是心理支持方面的重要体现。

4. 老年人的兴趣发生了变化

这种变化主要表现在对事物关注程度的淡化，对事物的关注面趋于狭窄，对新鲜事物缺乏激情等方面。一般而言，老年人的兴趣范围随着年龄的增长而逐渐缩小，好奇心也逐渐减弱，对各种事物的态度变得冷淡，对新鲜事物的探索欲也逐渐下降，表现出兴趣上的"惰性"。

(1) 如果你计划在某个养老机构里组织一场活动，而有些老年人不愿意参加，请根据上述知识分析他们的心理。

(2) 造成老年人出现这些心理的原因是什么？

(3) 老年人的心理状况与社会角色转换之间有什么关系？

三、老年人的社会特点

(一) 老年人社会角色边缘化

60岁不仅是个体进入老年期的标志,而且是一般意义上个体职业中断的标志。随着个体的退休,其社会角色也随之发生了变化,而与其社会角色相关的生活方式也随之改变,老年人进入了一个新的人生阶段。老年人社会角色的变化主要表现在如下两个方面。

1. 从职业角色转入赋闲角色

个体退休后,在角色上的显著变化就是从职业角色进入了赋闲角色,即便有一部分老年人继续从事其他职业,但职业角色在他们的生活中所占的比例也比较低,仍主要表现为赋闲角色;而对农村老年人而言,由于其身体状况随着年龄的增长而下降,已逐渐退出劳动第一线。

2. 从主要角色转变为依赖角色

当个体逐渐离开劳动第一线后,其社会交往的网络和生活方式发生改变,使其在经济、生理及心理方面逐渐从主要角色转变为依赖角色。对城市离退休老年人而言,他们的依赖主要表现在生理方面,如随着自身身体机能的退行性变化,越来越需要子女对其日常起居的照顾;对农村老年人而言,他们在经济、生理和心理方面从主要角色转变为依赖角色的情况表现得更为明显,尤其是在经济方面的依赖。

(二) 老年人社会地位趋于下降

社会地位实际上是指伴随社会角色而来的社会责任和社会尊严。一般来说,社会角色重要,社会责任和社会尊严就高;社会角色不太重要,社会责任和社会尊严就不太高。随着社会角色发生变化,人的社会责任和社会尊严也会发生相应变化。老年期是社会角色变化的时期,也是社会地位转变的时期。老年人社会地位变化的典型特征是社会地位呈下降趋势,具体表现在:退休后收入减少;社会实践中漠视老年人的合法权益;大众忽视老年群体的价值与作用。要想提高老年人的社会地位,除需要建立健全各项法律制度外,还要正确认识老年群体的价值与作用。

> **知识拓展**
>
> **1. 我国关于虐待老年人的法律界定**
>
> 《老年人权益保障法》第三条明确规定,"国家保障老年人依法享有的权益。老年人有从国家和社会获得物质帮助的权利,有享受社会服务和社会优待的权利,有参与社会发展和共享发展成果的权利。禁止歧视、侮辱、虐待或者遗弃老年人。"我国虐待老年人的定义更多是指用残暴的行为造成老年人身体上的伤害,而联合国规定的有关精神虐待、物质虐待和疏忽照料等行为,在《老年人权益

保障法》中虽有所体现，如侮辱、诽谤老年人，盗窃、诈骗、抢夺、勒索、故意毁坏老年人财物，赡养人不履行生活照料和精神慰藉老年人的义务等，但对于其行为是否构成虐待老年人并没有做出明确规定。

2. 虐待老年人的特点

（1）普遍性。

老年人遭受虐待在很大程度上与其体弱、智力受损，或经济不独立，需要依赖他人照顾和失去自主权有关。其他与虐待老年人有关的因素还包括贫穷、独自居住和与社会隔离等。

（2）隐蔽性：施虐者以家庭成员为主。

老年人由于身体衰弱、经济能力减退等诸多方面原因，对家庭成员形成较强的依赖性，这使他们往往成为家庭暴力的主要承受者。绝大多数老年人对家庭暴力都是采取忍受退让的消极措施，极少会求助于社会力量或司法机关。

（3）长期性。

与同样是家庭暴力的主要受害者的青少年及妇女不同，老年人由于在经济和生活照料方面对家庭成员存在着更加强烈的依赖性，所以一旦遭受家庭暴力，很难通过自己的力量去摆脱和解决。而对老年人施暴虐待的行为也因为彼此之间这种强烈的不平等关系而强化。

（4）虐待方式多样化。

在我国，各种虐待老年人的方式都在一定程度上有所表现。在农村地区，由于老年人的经济自我保障能力更弱，他们遭受经济剥削或物质虐待的概率也相应更大；同时，精神虐待（特别是对老年人的贬损和谩骂等）较为突出；而在城市地区，疏于照料及精神虐待中的冷暴力等方式则相对更为突出。

（三）老年人家庭的变化

老年人退休后，家庭成为其主要活动场所，因此对家庭、家人的依赖程度也逐渐增大。随着老年人社交范围向家庭回归，老年人的婚姻状态、家庭关系成为影响晚年生活质量的关键性因素，而老年人在家庭中的角色也发生了不同程度的转变。

1. 家庭状态对老年人角色的影响

（1）从家庭的生命周期来看，老年人的家庭状态处于空巢期或鳏寡期。

空巢期：进入这样一个阶段，最本质的特征就是家庭代际关系发生了重要的变化，也就是父母和子女在居住上开始分离，即子女长大成人后，从父母家中分离出去，只剩下老两口一起生活。家庭生命周期理论认为，自某一家庭的最后一个子女长大成人并离家单独开始生活，就标志着这个家庭的生命周期进入了空巢期。随着我国计划生育制度的推进、人口流动的加剧、人类寿命的普遍延长、居住空间的相对紧张，家庭空巢期持续的时间较长，一般约20年。此外，随着家庭空巢期逐渐呈现年轻化的趋势，空巢期持续的时间也有进一步延长的趋势。

子女的离家不仅给父母留下无尽的空虚与孤独，而且在角色方面，也让父母由最初的家庭支柱的角色转向需要扶持的角色。

鳏寡期：进入老年期后，失去配偶的可能性日益增大，老年人很容易进入鳏寡期。受中国传统文化的影响，夫妻双方中男性的年龄往往要大于女性；而女性平均寿命往往长于男性。因此，女性老年人失去配偶的比例要高于男性老年人。随着老年夫妇一方先行离去，老年人的社会角色由夫妇二人相互扶持变为一人独守空巢。

处于空巢期、鳏寡期的老年人普遍有着强烈的求助需求、亲和需求，个别的老年人还有支配需求。

（2）家庭的经济状况。

在家庭经济状况方面，如果老年人有足够的退休金或养老金，基本的物质生活得以保障，那么经济环境比较宽松，对子女及外界的经济依赖就不会很强；如果老年人既丧失了劳动能力，又没有固定的收入来源，如农村老年人，那么经济生活就会比较拮据，老年人常为生计而发愁，容易产生焦虑不安的情绪。在这种情况下，老年人对子女和外界的依赖性就会很强。

2. 老年人的婚姻状况

（1）丧偶。

高丧偶率是各国老年人在老年阶段的共同特点。目前，在我国的低龄老年人中，男女比例相差不大，这时丧偶率很低；而在高龄老年人中，男女比例悬殊，女性老年人丧偶率要远远高于男性老年人。

俗话说"少年夫妻老来伴"，丧偶对老年人心理的影响很大。相关研究表明，老年丧偶者在配偶去世后6个月之内的死亡率要比平均死亡率高40%。丧偶后，老年人的心理发生了复杂的变化，其中悲伤感和孤独感最为典型。许多老年人常常悲痛欲绝、以泪洗面，还会出现茶饭不思、抑郁、疲乏等现象，甚至因过度疲劳而患病；有些丧偶后，会倍感孤独寂寞，觉得被世界遗忘和抛弃。

（2）离婚。

一般情况下，老年人的婚姻稳定性较高，很少有离婚的情况发生。但也有少数老年人因种种原因而离婚。老年人离婚的原因主要有以下几个方面。

①长期性格不合，日久积怨成仇。子女未成年时，因养育子女需要，双方勉强在一起生活；子女长大之后，双方不愿再继续下去。

②发生婚外恋。比如，一些低龄男性老年人开始嫌弃自己的妻子人老珠黄而移情别恋。

③更年期不能适应。一些老年人进入更年期后，性格变化比较大，得不到对方的谅解与宽容，双方冲突不断，最终导致离婚。

一般而言，要求离婚的一方，在离婚后往往感到轻松和如释重负；但被迫离婚的一方则会出现痛苦与被抛弃的感觉，双方老年人都将面对重新生活的困扰。

（3）再婚。

丧偶之后，老年人在生活中面临种种困难，如失去贴心、相互照顾的伴侣，精神上失去依靠，缺少感情交流的对象等，尤其病重时会感到更加苦恼，常会由此发生情绪波动，失去生活的信心。子女的关心无法替代老伴的体贴与关心，于是部分丧偶老年人选择再婚，为自己寻找晚年寻找伴侣。晚年有伴侣的老年人，其生活满意度会远远高于鳏寡老年人，再婚对老年人身心健康有很大的益处。

任务二 认识老年人活动

某社区成立了老年义工队——暖心队，目前共有41名老年义工，年龄大多为50~60岁。他们按特长和服务内容分成了不同的组别，为居住在社区中的同龄人提供各项服务。老年义工队在向社区老年人提供服务时，由于都是同龄人，更加聊得来，而且可以把这种健康向上、热爱生活的情绪传递给其他老年人。

讨论与思考：老年义工队的老年人在参与老年活动时，对自身产生了哪些良好效应？

一、老年人活动的定义

在《说文解字》中，"活"用以形容"流水声"，"动"意指行动、动作，心理学家是最早开始进行这方面研究的。著名的心理学家列昂节夫的活动理论是现代心理学家关于"活动"的重要理论基石。《普通心理学》一书中认为，活动是由共同的目的联合起来并完成一定的社会职能的动作的总和。游戏、学习和劳动是活动的三种基本形式。

列昂节夫关于活动理论的研究中还提出了一个重要的活动概念——日常活动。对日常活动的关注最初来源于老年人临床鉴别和诊断性研究。在临床领域，通常用日常活动量表（如日常生活活动能力评定量表）和工具性日常生活量表来确定护理等级。后来研究者越来越关注正常和成功老年群体的活动领域，研究老年个体在时间和空间的限制下，将时间和精力投入何种活动领域及其产生的效果。对老年人日常活动的了解有两方面重要的作用：一方面，可以了解老年人的动机和目标，从而"投其所好"；另一方面，活动也总是受到社会期望、社会规范等的影响，具有社会属性。外部环境中的限制和机会会影响一个人选择参与何种活动去建构他们的日常生活。因此，活动也反映了情景因素为人们提供的机会和限制。

通常，所谓的老年人活动，是针对老年人的生理、心理、社会特点，在老年社会工作者的辅助下，通过一定范围的团体、社区、组织等开展的语言交流、肢体、兴趣、文娱、公益等各类活动，以满足老年人身心健康的需要，促进他们实现自我、广泛参与社会活动，提高生活质量。

> **知识拓展**
>
> **1. 活动理论**
>
> 活动理论认为，活动水平高的老年人比活动水平低的老年人更容易对生活感到满意，而且也更容易适应社会。活动理论主张老年人应该尽可能长久地保持中年人的生活方式以否定老年的存在，用新的角色取代因丧偶或退休而失去的角色，从而把自身与社会的距离缩小到最低限度。活动理论提出的基本观点被大多数老年社会工作者所肯定。在老年社会工作者看来，社会不仅在态度上应鼓励老年人积极参与他们力所能及的一切社会活动，而且应努力为老年人参与社会活动提供条件。而现实情况是许多老年人想有所作为而苦于没有机会；一些老年人因退出社会主流生活而导致患上老年抑郁症；有些老年人因枯坐家中无人交谈而脑退化进程加速。现代医学证明，勤于用脑的人比懒于用脑的人，脑力活动退化的速度要缓慢得多；较少说话的老年人比常有人陪伴的老年人更容易患阿尔兹海默病。因此，让老年人保持较高的活动水平，积极参与社会活动，对防止其大脑退化起到重要作用。
>
> **2. 社会撤退理论**
>
> 社会撤离理论认为，人的能力会不可避免地随年龄的增长而下降，老年人因活动力的下降和生活中角色的丧失，希望摆脱要求他们具有生产能力和竞争能力的社会期待，愿意扮演比较次要的社会角色，自愿地脱离社会。在社会撤离理论看来，老年人减少活动水平，减少与人交往，关注内心的生命体验，这会使自己过上一种平静且满意的晚年生活。而且，老年人主动地撤离社会，能使社会权利井然有序地交接，社会功能也不会因老年人的突然离世而受损。因此，社会撤退理论认为，老年人从社会主流生活中撤离的过程无论是出于老年人自愿还是由社会发起的，对社会和个人都会产生积极的影响。

二、老年人活动的作用

（一）使老年人保持积极情绪

老年人常见的负性情绪有孤独、空虚、失落、自卑、焦虑、抑郁，自我封闭意识强，情绪调节功能弱，若情绪经历大起大落，易诱发多种疾病。中医学认为，人的情绪对身体健康有着极大的影响，如怒伤肝、思伤脾、恐伤肾等。老年人在生活或活动中保持心情轻松愉快，可以很好地调节内分泌，促进新陈代谢，使情绪处于稳定状态，长此以往可以形成良性循环。

（二）促进老年人身心健康

老年期的生理特点之一是器官、组织的使用效率降低，而适当进行体力活动可以提高机体新陈代谢的能力，还可以推迟器官的衰老，如提升心脑血管功能，降低高血压、肥胖、糖尿病等的发病率。实验证明，适当进行体力活动是防止疾病、延年益寿的重要方法。

（三）促进老年人实现自我

符号互动理论认为，人们在与他人的交往中获得自我概念或自我意识，老年人的自我意识主要体现在如何看待自己的人生，如何正确对待即将走完的人生历程。换言之，如果社会整体对老年人采取歧视态度，那必然会对老年人的自我认知产生消极影响。老年人活动的开展，可以让老年人不脱离社会，保持其原有的社会功能。例如，开展自我提升类活动，在活动中体现老年人的优势，让其经历"创造—满足—再创造—再满足"的过程，从而帮助其实现自我价值。

> **知识拓展**
>
> **符号互动理论**
>
> 符号互动理论又称象征互动论，是一种主张从人们互动着的个体的日常自然环境去研究人类群体生活的社会学和社会心理学理论。该理论由美国社会学家米德创立，并由他的学生布鲁默于1937年正式提出。"符号"是指在一定程度上具有象征意义的事物。符号互动理论认为事物对个体社会行为的影响，往往不在于事物本身所包含的世俗化的内容与功用，而在于事物本身相对于个体的象征意义，而事物的象征意义源于个体与他人的互动（这种互动包括言语、文化、制度等等）。在个体应付他所遇到的事物时，总是会通过自己的解释去运用和修改事物对他的意义。

（四）帮助老年人建立社会支持网络

老年社会支持网络是指老年人从社会和他人处获得的、各种支持的总和。社会支持理论认为，个人的社会支持网络越完善，面对生活中的困难的能力就越强。老年人活动的开展，增加了老年人与周边环境互动的机会，能够帮助其与他人、社区、社会互动从而形成相对稳定的社会关系。社会支持包括经济支持、日常生活支持和情感支持三种类型。构建完善的老年社会支持网络，可以为老年人及其家庭提供经济上的支持、生活上的照顾、精神上的交流，从而为老年人解决实际问题。

三、老年人活动的现状

（一）对老年人活动的认知不够

目前，大多数老年人对参加体育活动的功能有正确的认知，但是老年人活动应更趋向于多样化。目前，老年人对于活动在满足休闲娱乐、社会交往、丰富精神世界等方面的认知略显不足。

（二）活动数量较多，质量参差不齐

随着我国人口老龄化程度的加深，养老市场准入门槛降低了。为了规范市场，保证老年服务的质量，我国在养老服务质量规范中规定了应该为老年人提供心理、精神、社会支持等方面的服务，以满足老年人的特殊心理与社会需求。为响应国家号召，多数养老机构和社区居家养老服务中心都会为入住者举办活动，老年人活动呈现遍地开花之势，但由于老年人活动行业的从业人员良莠不齐，所举办的活动质量也有好有差。

（三）活动重视程度不足，专业人才缺乏

开展老年人活动一方面取决于活动从业人员对老年人活动价值的认识；另一方面取决于地方政府、社区和养老机构对老年人活动的支持和重视程度。调查表明，我国老年人参与活动的情况极不平衡，受到动机、场地、时间、经济状况等诸多因素的制约。在对老年人活动有足够重视的部分地区或社区，老年人有较多的机会参与社会活动；但由于专业人才缺乏和活动形式单一，通常集中在手工、棋牌、节目表演等方面，而且活动的参与度较低。

四、开展老年人活动的必要性

（一）完善老年人逆向社会化功能的选择

发展是延续一生的，是多维度、多方向性的，具有可塑性和情境性。老年人同样也有逆向社会化的需求，通过活动保持自身身体机能和社会功能。例如，针对基本能力的训练可以使老年人的智力水平显著提高；而有针对性的康复训练，可以使老年人保持身体健康。

> **知识拓展**
>
> **社会参与理论**
>
> 社会参与理论提出了老年人继续参与社会发展的可能性和基础，其观点包括以下几个方面。
>
> 第一，由于发展的多方向性和多维度性，老年人保持很好的认知功能可以补偿较早衰退的认知功能；第二，老年人的认知功能有很大的可塑性和潜能，如果适当加以训练，就会得以保持甚至提高；第三，老年人实用性日常认知能力随着年龄增长保持较好；第四，具有某项专长的老年人对有关知识和技能保持较好，会根据多年的实践和经验，利用适当的策略弥补不足，使最后作业水平和有相应专长的年轻人差距很小；第五，大多数老年人仍保持了相对完整的自我，能利用自我调节来控制行为；第六，老年人具有和年轻人相等的智慧。

因此，应充分发挥老年人能力和智慧上的优势和潜能，建立一个不分年龄、人人共享的社会，这不仅有助于老年群体的健康，更是社会发展的内在需要。

（二）实现健康、积极、成功、和谐老龄化的有效途径

开展老年人活动，能够促使老年群体在躯体、心理、智力、社会、经济五个方面的功能仍然保持良好状态，实现健康老龄化、成功老龄化。

积极老龄化的目的是使人们认识到自己在一生中能够发挥自己在体力、社会、精神等方面的潜能，按自己的权利、需求、爱好、能力参与社会活动，并得到充分的保护、照料和保障。若要实现这一目的，则需要提供相应的平台、机会和团队等外在条件，而老年人活动是促使老年群体保持身心健康，积极参与社会活动，继续为社会做出贡献的行动之一。

北京大学人口研究所穆光宗教授认为，健康老龄化和积极老龄化更多的是从个体或群体的角度来理解老龄化问题，而和谐老龄化更多的是从个体和个体之间、个体和群体之间以及群体和群体之间的互动关系来理解老龄化的问题。若能够很好地处理老龄化带来的一系列社会问题，使个体和个体之间、个体和群体之间以及群体和群体之间达到和谐状态，这对构建和谐社会具有积极意义。从个体角度来说，老年人活动的持续有效开展与实现"六个老有"（老有所养、老有所医、老有所为、老有所学、老有所教、老有所乐）相辅相成。

任务三 认识老年人活动策划

支付宝是日常生活中的常用 App，其自 2016 年发起的集五福活动让人印象深刻。2016 年支付宝集五福活动，有 791 405 位用户集齐了五福，平分了 2.15 亿元大奖，人均获得奖金 271.66 元；2017 年支付宝集五福活动，有 2 416 094 位用户集齐了五福，拼手气分 2 亿元现金和 3 000 万元优惠券，低的可能仅获得 1~2 元，而最高可获得 666 元。此后，支付宝在集五福活动的基础上又叠加了许多新的玩法，受众范围广，体验感也很丰富。

讨论与思考：你认为集五福属于活动策划吗？在日常活动中，你认为还有哪些行为属于活动策划？尝试列举一些令你印象深刻的活动策划，并分析其内容特色。

一、老年人活动策划的内涵

（一）策划的界定

策划是一种对未来采取的行为做决定的准备过程，是一种构思或理性思维程序，也就是人们通常所指的"出谋划策"，即是事先决定做什么、如何做、何时做、由谁做的系统方案。第一，策划具有一定的目的性；第二，策划必须基于对现实状况的了解；第三，策划有一个研究分析的过程；第四，策划是一个制定行动方案的过程。

（二）老年人活动策划的界定

活动策划是专业人员在对现状进行充分调研之后，先设计活动的主题、内容，确定活动的场地、时间，制定活动预算方案、宣传方案、执行方案等，再实施开展活动的现场管理的全过程。做活动策划就是在做注意力和影响力，而影响力是最大的生产力。一份可执行、可操作、有创意的活动策划可以有效提升活动团体、组织单位的知名度，而活动策划的成功很大程度上源于成功的传播。

老年人活动策划是对老年人活动组织行为的一种预先筹划，将服务群体聚焦在老年群体，在对现有资源等一系列内部、外部条件进行充分的调查和分析后，制定活动的整体战略规划、主题和具体执行方案，以能够吸引老年群体积极参与的活动形式，宣传主办方所要推广的内容，提高知名度、美誉度，达到参与群体和主办方的预期目的。

二、老年人活动策划的分类

老年人活动策划依据活动规模、活动形式、活动功能有不同的分类方式，如图1-1所示。

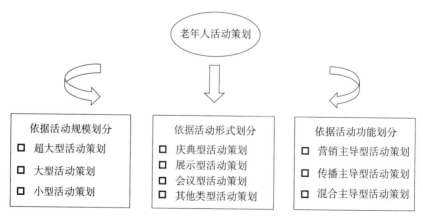

图1-1　老年人活动策划的分类方式

（一）依据活动规模分类

1. 超大型活动策划

这类活动规模宏大，参与人数众多，组织过程时间较长，主要针对国际市场。例如，奥运会、世界杯足球赛、中俄文化年、世界经济论坛等。

2. 大型活动策划

与超大型活动相比，这类活动在规模、参与人数及持续时间上都有所缩减，主要针对国内市场。这类活动极大地吸引着受众的参与兴趣与热情，如各种车展、音乐节等。

3. 小型活动策划

这类活动的举办场地、参会人数、传播范围相对来说都比较小，如产品发布会、区域促销活动、社会工作研讨会、社区义诊活动、生日会、机构跨年团拜会等。

（二）依据活动形式分类

1. 庆典型活动策划

这类活动包括重要节日的庆典，如端午节、重阳节、新年等的庆祝典礼、竣工典礼、婚礼、周年庆等。

2. 展示型活动策划

这类活动包括会展活动、展览类活动，如绘画展、书法展、路演、推介会等。

3. 会议型活动策划

这类活动包括新闻发布会、交流培训会、研讨会等。

4. 其他类型活动策划

这类活动包括集多种形式于一体的系列类活动，如社会公益活动、娱乐艺术活动等。

（三）依据活动功能分类

1. 营销主导型活动策划

（1）含义。

营销主导型活动策划是指其活动以盈利销售为主、品牌宣传为辅而展开的主题策划。营销活动的作用主要是宣传企业或单位形象，推广产品。因此，在活动策划案中应该侧重准备这两方面内容，只有这样，在开展活动的时候才能抓住重点。

（2）特点。

营销主导型活动的主要特点是活动本身就是一块"磁场"，具有足够激发消费者热情和吸引消费者眼球的魅力。营销主导型活动策划具有以下三个特点。

①营销活动策划具有大众传播性。一个好的活动策划一定会注重大众的参与性及互动性。有的活动策划会把公益性也引入活动中，既与大众媒体一贯的公信力相结合，又能够提升品牌的美誉度。如果活动本身已经具有一定的话题性或新闻价值，则很容易在第一时

间传播出去，引起大众的注意。

②营销活动策划具有深层阐释功能。广告本身所具有的属性（精、简、短），决定了它不可以采取全面陈述的方式来表现。但是，策划营销活动可以针对消费者需求，把产品的功能、特点介绍得更加具体。

③营销活动策划具备公关职能。活动的策划往往是围绕一个主题展开的，而很多活动会在主题之上附加一个公益切入点。例如，与环保有关的旧物利用、节约能源等活动，与社会公德有关的为老敬老、关爱弱小等活动，与教育慈善有关的希望小学众筹等活动，与国民健康相关的戒烟禁烟等活动。这些切入点，贴近百姓生活，能够获得广大消费者的赞誉。通过这些主题活动的开展，能够最大限度地树立起品牌形象。

正是由于营销类活动所具有的这些基本特点，使这类活动的策划案的创作和其他的活动有所不同。这类活动策划案需要侧重企业形象的树立以及主打产品的推广，而这也是我们在写这类活动策划案的时候需要注意的地方。

（3）营销主导型活动策划案例。

案例介绍：支付宝——公交广告牌的自导自演

2019年，支付宝做了一波公交车站台广告的投放，广告画面以聊天对话界面的形式，言简意赅地表现出支付宝的各种便民用处，如挂号、乘坐公交等功能。

画面的内容和设计没太多可说的，毕竟这种对话框形式已经很常见了，而且这次广告内容也只能算工整，既没有毛病也没有特别惊艳之处。但这似乎是支付宝官方事先做好的策划，投放的公交站台广告被路人在对话框中写上了一些涂鸦文字，具体内容类似于"土味情话"。这让事情变得有意思起来，也引起了不少人的围观和主动传播。

涂鸦的形式很有新意，但这种形式目前很少被大品牌使用。

通过路人涂鸦"段子"的形式，这些公交站台广告变得活跃起来，而且成本非常低，引发关注带来的品牌收益要远远超过在上面涂写几个字。小小的几个字，让传统媒体呈现出了新的魅力。

其实在公交站台、地铁站台等广告位上实现互动的现象并不少见。有些是使用电子显示器、感应器的形式与路人进行互动，有些是在广告位中放置装置而不是平面海报，有些则是在广告画面中加入哈哈镜的特殊材质进行互动……但这些手法的成本都远远超过支付宝那次的涂鸦留言。

支付宝通过媒体形式的创新，达到以小博大的品牌传播效果。其重点在于，在这类营销推广活动中，传统媒体不再是一成不变的，也不再是失效的，而是被赋予了更多的拓展性玩法，这也许会让它比新媒体更有效。

2. 传播主导型活动策划

（1）含义。

传播主导型活动策划是指以品牌宣传为主、盈利销售为辅的策划，如电影巡回展、概念时装秀暨客户联谊会、华语电影传媒大奖等。这类活动十分注重媒体形象的传播。

（2）主要形式。

①社会公益活动。可与政府机构、社会团体、企业联合开展社会公益活动，利用舆论工具从事社会公益事业，塑造生动、充满人性的品牌形象。例如，积极参与"3·12"

（植树节）、"3·15"（国际消费者权益日）、"12·1"（世界艾滋病日）等社会活动，以展现品牌的精神和内涵，创造较高的大众参与度。

②年度奖项评选活动、报告与论坛。依据媒体本身的定位，开展年度奖项评选活动、报告会、论坛会，通过向目标群体提供有价值的资讯，提升品牌的影响力。这对加强与大众的联系，为媒体品牌创造市场竞争优势有极大的帮助。媒体品牌借助事件营销及开展媒介活动，更有助于获得市场的认同。

③以夏令营、郊游、旅游、联谊晚会等形式为主的兼具教育性、娱乐性、宣传性的活动。策划这类活动首先要考虑资金来源问题，一般包括民间机构和广告商的资金资助，以此减轻活动组织者的资金压力；其次是主办方和活动主题，主办方宜选择教育部门、民间机构、基金会、专业机构等单位、组织，与活动组织者共同主办。

（3）传播主导型活动策划案例。

案例介绍："汰渍"洗衣粉——"世界上最长的晾衣绳"

在2000年到来之际，巴西宝洁公司为推广"汰渍"洗衣粉，在巴西里约热内卢博塔福戈海滩，拉起世界上最长的晾衣绳。

在博塔福戈海滩拉起的这根晾衣绳，全长22 420.5米。当时吉尼斯最长晾衣绳记录为18 000米。这根晾衣绳共用了2 800根橙红色柱子，还有长700米、直径5毫米的绳子32根。这根世界上最长的晾衣绳上共晾晒了4万多件用"汰渍"洗衣粉洗过的白色衣服。

为了收集可供晾晒的白色衣服，宝洁公司在里约热内卢发起了"捐献白衣"的活动。每捐献一件白色衣服，人们就可获得一张2000年1月2日在桑巴广场举行的"千禧年狂欢"活动门票，这些白色衣服将全数捐献给第三世界国家的贫困群体。

由洗衣粉想到晾衣绳不难，再想到在美丽的海岸拉起一根世界上最长的晾衣绳也不难。这项策划的精彩之处是在于与"千禧年狂欢"挂钩，与发展中国家的贫困群体挂钩。这不仅很好地理解了巴西人的生活形态，将巴西人热情奔放的天性和创造力融合到新记录的诞生和一个商业推广活动中，而且还从公益的角度出发，展现出了品牌的人文关怀。

3. 混合主导型活动策划

（1）含义。

混合主导型兼备了以上两种类型的特点，既做营销又做传播，属于"鱼和熊掌兼得"型，如中国酒业财富论坛、青岛国际啤酒节、潍坊国际风筝节等。在当前媒体经营市场竞争日益白热化的形势下，媒体将越来越多地扮演企业或准企业角色，将越来越倚重营销主导型和混合主导型活动策划，这个领域也将成为国内各大媒体未来的战场。

（2）混合型活动策划案例。

案例介绍：成都市成华区"爱脸日"活动

2018年，农历八月十五当天，龙潭街道某美容医院策划的"爱脸日"活动于某大型商场门前举行。这次公益活动选择的日期，既是中国传统的中秋节，又是"爱脸日"的前夕，合理利用了"天时"；位于公交车站对面的商场人流熙攘又有足够空间，占有了"地利"；上午10点开始，下午1点结束，此时间段途经群众较多，而且中秋节本就是合家团聚的日子，因此具备了"人和"。

在活动中某美容医院的院长亲自到现场为咨询病情的路人讲解并进行免费面诊，其他

工作人员携带印有品牌标志的购物袋和面部健康知识的宣传单赠送给路人，活动取得了良好的反响。当日面诊十余人，完成调查报告50余份，并有媒体发布了活动信息，在形成品牌传播的同时，也增加了到诊人数。这可以算是一场典型的低成本、高收效的混合主导型活动策划案例。

三、活动策划人的职业素养

（一）改变、创造与创新是活动策划中的三个常量

活动策划是不断学习的过程，只有不断学习，不断从各领域吸收养分，策划的过程才会充满乐趣，策划的结果也才会充满创意。与此同时，策划理念应贯穿老年人活动策划的全过程。

（二）活动策划具有无障碍普适性，策划人应满足服务对象的不同需求

人口老龄化和文化多元化是活动策划未来的重要影响因素，那些能满足老年人参加活动的各种需求、有较好文化敏感度的人将成为成功的活动策划人，如由于老年人听力、视力下降，行动不便等身体因素，我们可以在活动中提供大字影印、助听设备等，或在活动中设计斜坡和扶手来帮助行动不便的老年人活动。

任务四 老年人活动策划的五个阶段

案例导入

成都市某养老机构是一家设施齐全、环境较好的民营养老机构。该机构内共有80张床位，共有52名（女性35人，男性17人）全托老年人入住，他们的平均年龄约80岁。每两个老年人共用一个房间，并由一名护工负责照料。该机构内设有活动大厅、老年人医保代办室、餐厅、康复室、棋牌室、娱乐室、老年书吧、计算机室、心理咨询室、多功能室、老年茶吧、多功能会议室、老年人宿舍。机构内有1名社工。该机构有一批入住不久的老年人，他们由于诸多的不适应，大多表现为情绪低落，有些女性老年人甚至哭泣、抱怨，这种状况使整个机构气氛低沉。其中70岁的李奶奶情况尤为严重，出现了失眠、食欲不振、情绪低落等状况，还经常偷偷抹眼泪。李奶奶退休前是一名小学教师，患有高血压，常年服药，退休后一直照顾丈夫的饮食起居，而她的丈夫在三个月前去世了。李奶奶在丈夫去世不久后入住某养老机构。

讨论与思考：针对该养老机构新入住的老年人的各种不适应情况，应该如何进行具体的活动策划？

活动策划大多数是有计划、有系统，而且有着自身固有规律的，也就是做活动策划是有所谓的"模板"的。活动策划人根据预先制定的活动流程和规划表，即活动策划的先后步骤，合理进行资源配置和人员安排。一般来讲，一个活动从策划到实施共分为五个步骤：需求调研→活动设计→活动筹备→活动执行→活动评估。任何一个成功的活动都少不了这五个步骤，活动策划流程如图1-2所示。

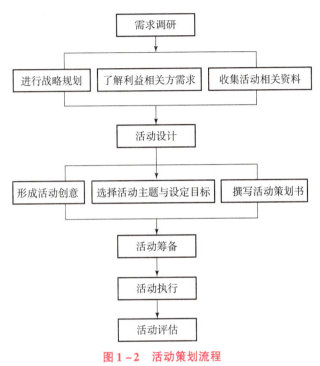

图1-2 活动策划流程

一、前期调研

出色的调研能够有效减少活动风险。调研做得越好，越可能策划出符合主办方和利益相关方要求的活动。活动整体策划是指在科学调查研究的基础上找到切入点，制定方案，为组织机构决策提供科学依据的过程。

（一）调研方法

活动前的调研方法有定性、定量、定量与定性相结合三种。选择合适的调研方法非常重要，通常由调研目的、进行调研的时间、预算三种因素决定。

1. 定量调研

活动策划人通常会首先使用定量的方法了解活动对象的基本信息，包括性别、年龄、收入等各种情况；其次根据活动的目的设计相关问题进行评估。这种调研可以通过简洁的

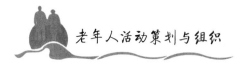

问题分析来完成。表1-1为某养老中心需求调研问卷。

表1-1 某养老中心需求调研问卷

本调查旨在为×××活动的主办方确定组织该活动的可行性。请根据实际情况，在你认为合适的选项前的"□"中打"√"。你的参与将为调研做出重要贡献！非常感谢！

某康养护理学院
见习第六小组
2019年6月1日

1. 您的年龄是_____岁。
2. 您的健康状况如何？（单选）
□行动自如　□均可自理　□基本自理，偶有困难　□部分自理，需他人帮助　□完全不能自理
3. 您是否有下列疾病？（多选）
□高血压　□高血糖　□高血脂　□脑卒中　□痛风　□心脏病　□哮喘　□其他
4. 您如何看待近一周的人际关系？（单选）
□非常满意　□比较满意　□一般　□不满意　□非常不满意
5. 您有兴趣参加下列哪些活动？（多选）
□文体活动（如太极拳、合唱、书画、舞蹈、象棋、乒乓球）
□专题讲座（如健康养生、营养膳食、普法教育、文学赏析、人际沟通）
□小组活动（如手工制作、烹饪、科普学习、社会交往）
□户外康乐活动
□怀旧剧场
□其他_____
6. 您方便参加院里举办的活动的时间有哪些？（多选）
□上午（10:00—12:00）　□下午（14:00—16:00）　□傍晚（16:00—18:00）
□周末　□没有时间/不方便参加
7. 您希望养老院为您提供哪些服务？（多选）
□养生保健服务、健康检查咨询、康复护理等健康服务
□定期探访、志愿者陪伴谈心等情感交流
□家电维修/义务理发
□文化体育娱乐活动（如琴棋书画、歌曲舞蹈）
□老年人权益保护法律咨询服务
□手工制作等新技能
□其他_____
8. 您觉得在养老过程中最需要什么样的服务？
□医疗服务　□心理服务　□娱乐服务　□其他_____
9. 您有每天锻炼的习惯吗？（包括散步）
□有，每天都锻炼身体　□偶尔锻炼　□想锻炼，但条件有限　□没有，不喜欢锻炼
10. 您会使用智能手机吗？
□基本都会　□会操作简单、常用的一些功能（发信息、视频、语音等）
□不太会，但愿意学　□不会，不需要使用

无论是问卷调查、面对面访谈还是电话访谈，获取数据与资料都是最重要的。为了提高回复率与质量，可适当激励受访者，如给予少量的报酬。

2. 定性调研

定性调研可以揭示定量调研数据的含义，因此，定性调研在调研过程中是非常重要的一步。定性调研的方法有访谈法、参与式观察、案例研究等。方法的选择取决于活动的目的、时间和经费。

访谈法是以调研者与受访者面对面直接交谈的方式实现的，具有较好的灵活性和适应性。访谈法广泛适用于教育调查、求职、咨询等，既有事实的调查，又有意见的征询，多用于个性化和个别化研究。

参与式观察是指让调研者置身于主办活动的当地社区，以参与、观察的方式调研其文化氛围。例如，若要分析某特定目的地是否适合作为活动的新地点，活动策划人可以在决策前花时间到当地去参观和访问。在这类调研过程中，对掌握关键信息的人物进行访谈十分重要。

案例研究是将一个已有的活动作为特殊案例进行深入研究。可通过查阅历史资料或访问利益相关者来进行研究，从而分析如何通过个性、技巧或其他因素来打造一场成功的活动。

3. 定性与定量相结合调研

在大多数情况下，活动策划人运用定量与定性相结合的方法来做决策。活动策划人运用定量调研获取数据，而后以定性研究分析数据的含义。关于如何选择符合调研目的的最有效的一种调研方法，表1-2提供了一种简单思路。

表1-2 调研方法选取的简单思路

目标	方法
收集性别、年龄、收入等基本信息	问卷调查法
收集态度与意见	焦点小组讨论、访谈法
了解社区文化	参与者和观察者
识别可比较的特点	案例分析

（二）活动的战略规划

1. 什么是战略规划

战略充斥着人们的生活。人生阶段中每个不起眼的小灵感如果用战略思维进行思考，结果就会变得不一样。以星巴克为例，在过去，意大利的咖啡馆格调高雅，人们在宽松的社交环境里品尝着昂贵的咖啡。这与美国的咖啡文化形成鲜明对比，美国的咖啡馆当时只供应廉价咖啡。霍华德·舒尔茨在1983年访问意大利后灵感一闪："意大利的咖啡体验可以在美国重新创造，公众也许会接受它。"多数人不会把这个一闪而过的灵感变成战略，而舒尔茨在确定了自己的假设后，就开始了一系列的测试。首先，他把意大利咖啡馆的模

式复制到美国,但很快就注意到美国人喜欢躺在椅子上喝咖啡,所以他又在咖啡馆里增加了椅子和桌子。后来,他又发现许多人想带着咖啡离开,所以他又增加了外带纸杯。经过细致入微的观察和不断的改进,在他带领下的星巴克在2001年就获利26亿美元。

战略也不是目标,二者相互区别又相互联系。目标或愿景可以成为战略的起点,但战略本身必须包含实现这些目标的行动指南。例如,篮球教练鼓励球队成员赢得下一场比赛,这是目标;如果他告诉球队成员在赛场中如何摆阵型才能获胜,这就是战略。

2. 活动需要战略规划

为什么很多活动看似很热闹,但是公众参与度很低、体验感很差?为什么一些文化公司呈现给大家的节会活动、庆典活动,会被认为无聊、毫无新意?这是因为策划者忽略了其中的三个重要因素。

第一,策划活动的能力。策划者水平的高低是活动是否有影响力的前提。

第二,策划活动的心态。很多活动抱着及时行乐的心态来做,如某些养老机构的节庆活动,只是单纯为了完成行政任务而举办,对活动没有的长久目标和愿景,不仅缺乏时间的积累,也缺少一种坚持的力量。

第三,策划活动的目的。不能为做活动而做活动,必须考虑活动结束之后还能留下什么影响,是否可以持续发展。

3. 制定规划时需要考虑的问题

(1) 对复杂的情况进行简单的分析。

首先,对资源的整合与把握。要能够做到因地制宜,结合当地的文化、地域特征并凸显个性。例如,若要在内蒙古自治区举办一个节庆活动,我们就要很清楚地知道,一定不可能做出一个沙滩音乐节。相对应的,在养老机构举办活动需要考虑养老机构的性质与实际状况,在健康活力老年人占比较高的养老机构举办活动,与在失能和半失能老年人占比较多的养老机构举办活动是有本质差别的。

其次,对财务的预算与论证。在把握了现实情况后,就要开始考虑财务规划方面的问题。对企业而言,几年之内要投入多少财政预算,达到什么样的预期效果,都需要进行科学的论证,以做出短期、中期和长期规划。同样,在养老机构内,对每年的活动应有专门的财务预算,提前做好规划。

从细节上来讲,一个好的品牌活动需要有一个好的名字和合理的板块规划。好的活动能实现价值的累加,如上海国际电影节、慕尼黑啤酒节、时尚芭莎慈善晚宴、戛纳国际电影节等。这些活动都有固定的板块,在戛纳电影节走红毯一度成为焦点。从营销的角度来看,固定的名字和板块有利于活动的营销和培养相应的赞助商,也有利于培养固定的受众群体。

(2) 获得解决问题的方法论。

解决问题的方法论是基于以上分析得出的结论而确定的,如问题是什么以及要如何解决这个问题。下面以IBM为例来说明有效的诊断和指导原则。

IBM一度处于衰落状态,他们以前提供整机的战略不再适用于新的市场环境,因为其他计算机公司开始为用户提供单个零部件。虽然许多人认为IBM也应该适应这种割裂的市场,但首席执行官郭士纳(Lou Gerstner)提出了不同的意见:不应该将IBM的不同部门拆开,而是将它们整合并集中起来,成为IT咨询领域中的新市场领导者。基于这个意见,IBM随后制定了一项新的指导政策,将公司资源集中在提供解决方案上,而非实体产品上。

这就是基于问题而提出解决问题的方法论。在活动策划领域,这样的战略思考同样具有参考性。在老年人活动策划领域,面对高龄活力老年人,策划者实际要解决的问题是在活动能力允许的情况下,增加老年人的活动体验深度。

(3)制定连续性的行动。

为了实现我们所提出来的方法论,需要在活动策划中也就是活动设计的环节制定一系列连续的行动策略。各环节之间是相互联系和相辅相成的。

4. 保证活动战略的有效连续

(1)PDCA循环法。

①P(Plan,计划):首先开始制定战略假设,对特定情况如何运作或是否可行做出有根据的估计。

②D(Do,实施):对战略假设付诸行动。

③C(Check,检查):检验战略假设的可行性并收集新的信息。

④A(Act,处理):对原先的战略假设加以改进并进一步推广。

PDCA循环法可以使活动的实施更加条理化、系统化、图像化。PDCA循环法不仅可以用在战略规划与实施上,也可以用在活动中以提升活动质量,提高活动的参与率。例如,某养老机构为提升活动质量,提出匹配需求的代币奖励措施。

P:以物质奖励促进老年人的参与率。

D:设置机构代币与物品价格的关系,制定详细的价目表,如老年人参加一场插花活动可以获得一枚代币。

C:通过各个活动的参与程度做进一步的分析,找到老年人的兴趣点。

A:按照老年人的兴趣点设计活动,提高活动的参与率。

> **知识拓展**
>
> **7-11的PDCA循环法**
>
> 背景:日本7-11便利店只能储存50种饮料,仅占日本饮料品牌的一小部分。如果只上架一部分,并不能满足顾客的需要,因此店里饮料的售卖率一度非常低迷。
>
> 为了改变这一局面,7-11制定了一项战略并利用PDCA循环法来实施。
>
> P:制定改进商店饮料摆台的战略计划。调查当地人的口味偏好,在不同的商店摆放适合当地人口味的饮料,从而提高饮料的售卖率。
>
> D:派遣调查员记录当地的口味偏好,设计了一个后台系统,最大限度地提高了货架上饮料品牌的数量。然后,每家商店根据调查得出的顾客的品牌偏好,出售一系列符合当地人口味的饮料。

> C：通过各个饮料的售卖情况测试该品牌饮料的实际受欢迎程度，做进一步的记录与分析。
>
> A：之后每季度的摆台会根据饲料每天的售卖情况和调查员的深入调查不断调整。

（2）活动中利益相关者分析。

在对活动进行战略性规划以后，便进入了活动方案的整体策划阶段。在完成具体活动创意前，通常还需要对活动运营中各利益相关者进行充分了解，因为在设计活动时必须尽可能满足各利益方的需求。

那些与活动的结果有合法利益关系的个人和组织，被称为活动的利益相关者。一个成功的活动运营公司必须能辨别谁是活动的利益相关者以及他们各自在活动中的需求，而且还能判断他们的各自需求是否存在重叠和冲突。一项活动的成功与否，取决于活动策划人能否平衡利益相关者们的诉求、期望和利益之间的冲突。

活动与各主要利益相关者之间的关系：
①活动组织机构——提供活动的管理，通过活动达成各项任务。
②活动举办地——提供活动的外部环境，接受活动所带来的各种影响。
③赞助商——提供资金或实物，得到市场的品牌认同。
④媒体——负责活动的推广，得到活动的宣传内容或广告收入。
⑤工作人员——为活动付出劳动和支持，得到薪酬或奖励。
⑥活动的参与者和观众——参与活动并提供支持，得到快乐或奖励。

（三）收集活动相关资料

1. 收集与活动相关的直接资料

又称调查资料，如活动的环境情况、活动的市场情况等。

2. 收集与活动相关的间接资料

一是查阅书籍、历史档案、报纸杂志、影音资料及与活动举办方相关的内容资料；二是政府相关部门的规章条例、数据资料等。

3. 收集寻找活动设计的路径

收集寻找活动设计的路径，一般从以下三个方面入手。

（1）从现有的知识、收集的资料中获得。

例如，通过实地调研或者相关的文献著作发现社区的老年人生活方式单一，缺少参加活动的途径，缺乏社会支持，需要关爱和问候。活动策划人决定策划以"丰富社区老年人生活，扩大生活交际圈"为目标的活动。通过信息的收集、资料的查询，可以进一步了解老年人在该阶段的特殊需求、策划老年人活动的注意事项等。

（2）从国内外已有的案例中汲取营养。

针对儿童、青少年、妇女、残疾人、认知症患者等群体的活动方案多种多样，有的活动策划非常成功。活动策划人可以分析、总结已有的活动方案，结合目标群体的实际进行筛选，从中获得经验。

（3）从相关领域或跨界领域中产生联想。

活动策划本身就是综合性的学科，而活动策划的实践更需要发散思维、集思广益。因此，在进行活动策划时不能闭门造车，要善于从不同的领域内获取有效信息。

二、活动设计

在进行全面调研并判断活动的可行性后，接下来就是脑力的对决——创造力，为想法设计蓝图的时间。有许多种方法可以帮助活动策划人开启这一阶段的工作，在确定活动创意后，紧接着需要确定活动的主题和内容以及活动的目标，形成书面的策划案。

（一）形成活动创意

活动创意是活动策划人对活动的总体方案构想，可以从已有案例或不同的领域中汲取营养，也可以参考以下方法学习。

1. 头脑风暴法

当进入活动设计阶段时，需要组织有创意的人员或利益相关者召开会议进行头脑风暴。活动策划人是这个会议的引导者。除此之外，还可邀请剧院、舞蹈、音乐、艺术、文学和其他领域的文创人员参加会议。在会议开始时，可以在白板上用大字写明讨论的基本原则："原则1：没有不好的点子；原则2：请参照原则1。"

为更好地激发创意，在讨论开始前可先进行热身活动。最常用的是把一个物体放在桌子中央，邀请参会者发表自己的意见。例如，一个鞋盒可以想象为一个炸弹、一支火箭或一个小火柴盒。在每个人发表自己的观点时，应该鼓励其他人表示支持。

完成热身活动后，会议引导者应简单介绍活动举办的缘由。在此基础上，鼓励参会者提供原因（Why）、人物（Who）、时间（When）、地点（Where）、内容（What）以及方式（How）的创意，简称"5W1H"原则，见表1-3。如果一名成员（或多于一名成员）试图主导这次讨论，可以请他总结观点后表示感谢，然后尽快请下一位发言者发言。在白板上列出所有的创意，但不要试图进行分类或建立框架。

表1-3 "5W1H"原则

原因	人物	时间	地点	内容	方式
举行该活动强有力的原因是什么？为什么这个活动必须举办	谁将从这个活动中受益？他们想让谁来参加	该活动什么时候举办？这个时间是否灵活可变	最好的目的地、地点、场馆是哪里	满足需求的元素和资源是什么	应该怎样举办活动
=方法					
回答完"5W1H"问题后，你将如何有效地调研、设计、策划这个活动？					

知识拓展

头脑风暴法

1. 创始人

亚历克斯·奥斯本创造学和创造工程之父，头脑风暴法之父，BBDO 广告公司创造人。

2. 头脑风暴四大原则之一：自由奔放去思考

（1）1901 年，一位火车上的清洁工看到风吹着灰尘到处跑，反转了此过程后，发明了吸尘器。

（2）通常，我们上下楼梯的时候，是人在动，楼梯不动。反过来，使楼梯动，人不动，就出现了电梯。

3. 头脑风暴四大原则之二：拒绝批判（会后评判）

8 项忌讳的语句：太新奇了；不实际；没意义（无聊）；无法成功；不符合目的；成本会增加；不合道理；想法陈旧。

4. 头脑风暴四大原则之三：多多益善（以量求质）

鼓励参会者尽可能多地提出设想，以大量的设想来保证质量较高的设想的存在。设想多多益善，不必顾虑构思内容的好坏。

5. 头脑风暴四大原则之四："搭便车"（见解无专利）

鼓励利用别人的构思，借题发挥，根据别人的构思联想另一个构思，即利用一个灵感引发另外一个灵感，或者把别人的构思加以修改。

（1）计算机显示器的屏幕保护/幻灯播放功能，电子相框被发明了。

（2）根据飞机尾翼的设计概念，跑车尾翼被设计出了。

使用头脑风暴法，展开一场以端午节老年人活动为主题的讨论。

2. 心智图法

心智图法（思维导图法）有助于整理头脑风暴中获取的零散想法，并建立有助于决策的逻辑联系。运用白板让每个参会者重新审视自己之前的想法，并用"5W1H"将这些想法联系起来，从中了解活动应如何开展。准备 6 张纸，在每张纸的中心画一个圆，把原因、人物、时间、地点、内容与方式分别填入圆中。从中心圆中发散出很多个小圆，用直线连接。将团队提出的想法填入各个小圆中。然后，参会者可开始将各个目标（原因、人物、时间、地点、内容、方式）与头脑风暴中获得的想法建立联系。这是心智图法的一个范例。

心智图法是整合参会者的不同意见并建立活动理念的有效方式。活动理念决定了活动的财务、文化、社会等各个重要方面。例如，如果活动由非营利组织主办，将不会通过高收费来获得所需的资金。心智图法可以帮助活动策划人在众多想法中进行筛选，并明确各种想法与活动目标的联系。这时，活动理念就慢慢出现了。若某些想法与活动理念没有明显联系或形成支持，应单独列出来以方便将来使用。

知识拓展

心智图法

心智图又称脑图、思维导图、灵感触发图、概念地图或思维地图。

英国人托尼·布赞（Tony Buzan）为了提升思考能力，想出了一种利用图形来辅助思考的方法。他提出的这个辅助工具就是心智图，让人快速又精确地发现盲点，通过心智图的架构能够知道自己正处在哪个位置或应该收集哪些资料以弥补不足。

练习：在1分钟内快速记住下列词语。

小提琴、定音鼓、铜鼓、大提琴、中音小提琴、小汽车、小鼓、机动车、福特车。

我们可以通过图1-3中的形式进行记忆，看看是不是快速而又高效。

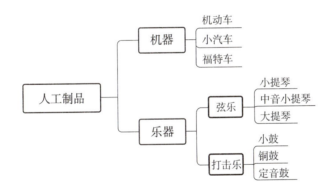

图1-3 通过不同属性对词语进行分类

（二）确定主题、目标、内容与形式

完成头脑风暴和心智图法后，接下来就是确定与创意匹配的主题、目标和内容，以确保创意具有可行性。活动策划的关键之一是主题的确定，当然主题策划、时间策划、地点策划这三个环节是紧密相连的。考虑活动主题时，一定会联系到什么样的活动地点和时间最能突出主题特色。本书出于编排的考虑，将时间和地点策划放在下一项目中进行讲解。主题是活动的核心思想，活动的开展必须围绕主题。例如，芭莎慈善晚会就围绕慈善的概念展开，通常以义卖、慈善义演、慈善聚餐、慈善拍卖等方式展开；再如狂欢的主题概念，一般会采取全民参与、盛大、热烈的形式。

1. 在主题策划的实践中，需要考虑的要素

（1）主题物品。

活动尤其是大型活动一般应有与主题相吻合的具体实物，如青岛国际啤酒节的啤酒、余姚杨梅节的杨梅、潍坊国际风筝节的风筝。一些小型的节庆活动也应该有相对应的物品，如端午节的粽子、集体生日会的蛋糕、春节的饺子等。大众在感知和拥有的基础上会产生参与的欲望。

（2）主题吉祥物。

吉祥物或象征图案、图腾等是为了使活动具有视觉识别效果，是文化底蕴的象征。为了形象而直观地展示大型活动的主题，引起大众的共鸣，在认真审视活动主题的前提下，可以创作象征图案或者实物。在一些小型活动中，也可以选择与活动主题相匹配的现有吉祥物（如人偶等）来活跃现场氛围。

（3）主题典故和趣闻。

大众对历史典故或趣闻一般都比较感兴趣。根据大型活动的主题，挖掘相关的典故与趣闻，有利于烘托整个活动的主题、提升活动的文化品位、增强活动的吸引力。

（4）主题氛围。

活动的文化性表现于活动的氛围，即基于某种文化理念而营造出来的场景特色。例如，在以节庆文化魅力和欢庆为基调开展活动的过程中，音乐、音响和装饰色调对烘托活动现场的气氛、影响大众心态起到重要作用。因此，在活动策划中要高度重视音乐和色调的选择。

> **知识拓展**
>
> **蔚蓝船说**
>
> 2007年，广东国际旅游文化节暨泛珠三角旅游推介会在广州天河体育中心举行了盛大的开幕晚会——蔚蓝船说。
>
> 蔚蓝船说根据"南海一号"沉船打捞的历史事实改编。它讲述了古百越国公主与平民英雄之间凄美而感人至深的神话爱情故事。
>
> 在晚会现场，整个广州天河体育中心化作蓝色的海洋，舞台由4个大型白帆和船组成。三声响亮的船笛声响起，整台晚会的序幕拉开了。碉楼和"南海一号"成为整台晚会的主题和中心。大型多媒体写意史诗蔚蓝船说将多种大气磅礴的代表广东典型风格的自然景观画面剪辑在一起。其主题是：梦想、传说、爱情、蔚蓝。在节奏分明的音乐声中，现场几名打捞"南海一号"沉船的工作人员在前伸的小舞台上表演着科学考察的场面。随着一名潜水员抱着瓷瓶被威亚从舞群中吊起，现场的音乐节奏骤然加紧，在强烈的鼓点伴奏下，歌手谭维维高亢激昂的歌声直冲云霄。在这幕叫作蓝色向往的剧情中，由200人组成的舞蹈方阵用强劲有力的动作表达着人类对海洋的强烈的求索欲望。
>
> 蔚蓝船说这个案例，后来受到了外界普遍的认可，并一度成为活动策划的经典之作。它以充满历史厚重感的策划思路为晚会赋予了新的生命，并且为活动

行业开了一个先河：做晚会。这完全可以改变那种拼盘式的（请几个明星唱几首歌，请几个舞蹈团队跳几支舞）、一成不变的节目形式，赋予晚会一个有内涵、有文化的主题线索；而晚会也不一定要有多么大的排场，有多么耀眼的明星，完全可以剑走偏锋，办得更有特色、有故事情节。这样，反而能够流传得更久远。

2. 活动目标

为了使活动能为主办方在物力、财力、精力、时间上的投资带来回报，需要活动策划不仅仅能满足主办方的期望，也要能满足参与者的期望。因此，活动策划需要制定活动目标，并最大限度地吸引公众参与，完成活动目标，传达活动背后所隐含的意义。活动目标既有有形的目标也有无形的目标，在活动前、活动中、活动后均有可能实现。例如，志愿者奖励活动，凡参与者必定是已经积累了一定志愿服务时长的人，因此他们属于在活动前已实现了一定目标。此外，此次活动能够为将来的活动实现更高层次的目标，鼓励更多的人参与到志愿服务活动当中而搭建平台、找到定位，这是无形的活动目标。综上，活动目标的设定，必须使主办方与参与者都感觉物有所值，即无论在物质上还是精神上的都能够实现一定的社会效益或经济效益。

3. 活动内容

对活动策划来讲，内容的甄选相当重要。一旦活动的主题和线索确定下来，就要开动所有人的脑筋，按照主题和线索来架构整个活动。

主题线索和内容元素确定了，接下来就要从丰富的艺术形态中挑选最具特色和代表性的艺术形式和内容，以更好地诠释主题。这就是我们常说的关于"包子是否有肉"的问题，也就是内容如何与主题相配合。卖什么就要吆喝什么，这是做活动的宗旨，也是让活动参与者了解活动策划人专业程度的一种方法。

4. 活动形式

内容和文化是在传播过程中产生的。其中主题是内容的第一要素，受众往往通过形式来记住主题，因为特殊的形式可以用来强化内容。更多的内容和文化是通过形式来传递的，如果形式不能够传递内容，这个策划一定是失败的。所有的形式都要通过技术手段来实现，技术在不同类型的活动中的要求完全不同。例如室内活动，如果空间狭小，技术手段相对来说也要小一些。户外的活动场地又分为全开放和半开放式的，场地的不同对节目形态的要求也就完全不同。例如，灯光数量和功率的变化会导致舞台的视觉效果变化，因此前面说到的调研，其实也包含了对活动场地实地情况的了解和考察。

知识拓展

就像玩游戏一样，无论选择哪一种玩法，最终的目标都是胜利；活动也是一样的，无论策划什么形式的活动，都是为了实现活动目标，而活动目标与活动利益相关者密切相关。下面以网易云的毕业留言墙为例：

> 首先，从平台自身角度来说，举办活动的主要目标是推广 App，提升潜在客户的转化率。该活动以网易云已有用户为依托，用户的参与、分享对网易云音乐的推广十分有效。
>
> 其次，从用户的角度来说，给母校留言能够引起绝大多数人的情感共鸣，能够提高活动的参与率。
>
> 这就是将用户需求、主办方的活动目标结合起来，以"毕业留言墙，助力母校上大屏幕"为主题，以吸引用户的有趣的内容为基础，通过在线上进行互动的形式开展的活动。通过此案例，希望大家能明白主题、目标、内容与形式四者之间的关系。

三、活动筹备与执行

活动筹备在活动策划中又称计划，运行计划是完成活动目标和任务的各项工作的核心，也是对活动战略的执行依据。运行计划通常包括预算、营销计划、行政管理计划、调研和评估计划、风险控制计划、赞助计划、环境废物管理计划、节目内容计划、交通计划、现场销售计划以及人力资源计划。每个单项的运行计划应包括以下内容：

（1）目标和任务。
（2）行动计划和时间安排。
（3）责任人及其相关的任务。
（4）监控系统，包括预算。
（5）资源的分配（如财务、人力以及支持活动所需的设备和服务）。

并非所有的活动策划方案都需要完成上述所有的计划，应根据实际需要选择。活动筹备的具体内容在项目二中将展开详细介绍。

四、活动评估

对于日常的产品和服务，人们通常是评估其好不好用、性价比如何、价格高低等；但对于活动，人们要做出评价是比较困难的。所以经常会面临一些不确定性，其中包括财务的、精神的、社会的、感官的、表演的和与时间相关的风险。活动消费的选择是以不同的价值为依据的，在功能性的价值方面，性价比、交通便利等可能是主要的；但相比之下一项活动的情感价值更重要。当人们参加了一个活动后，会在自己的经历和期望值之间进行比较。参与者的期望值就是对活动的预期，预期是由活动本身的宣传、他人对活动的描述和介绍、自己参加类似活动的经验等综合组成的。如果参与者的经历高于期望值，也就是说活动给参与者带来了惊喜的体验，那么就可以说该活动是符合质量要求的。这会为活动未来的持续举办培养忠实的回头客。因此，提高参与者的满意度是活动培养忠实回头客的着重点。活动评估可以从质和量两方面综合评价。

活动评估就是以第三人称视角来监控活动的整个执行过程。所谓"编筐编篓，全在收口"，完整的活动评估体系有助于活动质量的把控，也有助于建立动态监控数据，为后期活动改进提供依据。同时，活动评估还能为活动的各个利益相关者提供活动效果评估的信息反馈。因此，活动评估在活动管理过程中扮演着重要角色，它是活动策划人分析和改进活动运营能力的工具。

综上，活动评估应该包含"量"的评估和"质"的评估。也就是说，活动评估有的是依据一些客观的衡量标准来进行准确评判的，有的是通过利益相关者等的主观印象来评判的。

1. "量"的评估

在活动策划确定活动创意和主题时，就已经制定了活动目标，那么活动目标一定是能够量化的。活动执行过程中的一些细节元素也包含活动评估的量化指标。比如，活动的出席人数，活动中是否存在诸如话筒无声、主持人口误、表演失误等较为低级的错误，还有在活动的执行过程中人员的调度是否出现了问题。这些都是活动量化评估的主要评估依据。

有了完整的活动量化评估体系，可以让活动策划组的成员总结经验教训，保证在下次活动中不会再犯相同的错误。

2. "质"的评估

活动"质"的评估，更通俗的解释是活动策划执行方以外的客户、赞助商、合作伙伴、媒体、受众对活动成败的主观评价。

在一般的活动策划中，出资方也就是我们的客户，是绝对的甲方，甲方满意才能结账，所以活动评估中最重要的一个指标就是客户的满意度。这可能包含客户对活动的主题、内容及形式是否满意，也就是说形式是否很好地为内容服务等。另一项重要的评估方是受众，如组织老年人端午节活动，为了第二年的活动还能顺利开展，受众是否满意就变得非常重要了。尽管这些都需要主观的评判，客户的期望值的不同很有可能影响对活动的评价的偏差，但是从另一个角度来说客户满意度也是有量化标准的，最简单的标准就是尾款的回收是否顺畅以及是否还有第二次合作机会。

不论是企业，还是旅游景点，做活动的目的无非就是提高自己的品牌知名度，达到更好的宣传效果。养老机构中组织的日常活动也同样是这个目的。在这个互联网主导、地球变成地球村的信息时代，地球上任何一个角落的人都可以在第一时间通过互联网了解发生在地球上任何角落的事情。通过资源整合，活动可以使人们获得海量的信息，而且人们也可以通过各种方式表达自己的思想观点，如在粉丝团、贴吧、公众号后台留言等。活动影响力的大小是活动成功与否很好的评估标准，也是影响受众满意度的重要因素。

五、撰写活动策划书

（一）策划书的总体结构

一份完整的活动策划书一般包括封面、目录、活动背景、活动目的及意义、活动时间地点、参与对象、活动简介、活动流程、注意事项、活动预算等内容。

首先是活动策划书的封面。封面需要呈现一些基本内容，活动的名称以及策划书三个字是必须要有的，其他内容按自己的需要添加即可。

然后是目录。目录一般是在所有内容完成之后自动生成的。一般来说有两级目录就可以了，通过目录能清楚地知道整个策划书的基本框架。

接下来是一些基本的内容。活动背景及意义（介绍活动可以给主办方带来什么）、活动主题（活动的具体主题，可以使人对活动一目了然）、活动目的（为什么举办活动）、活动时间地点、组织单位、参与对象等。

活动策划书中最重要的内容就是活动流程，所以这部分内容一定要详细且清晰。活动流程分为活动前期、中期与后期。活动前期一般是准备工作（活动报名及宣传工作）；活动中期则需要完成整体活动流程以及预估活动时间等；活动后期则主要为撰写新闻稿、进行宣传等。之后就是活动分工，分工明确可以使活动实施得更加顺畅。

活动分工是非常必要的，而且必须要详细，每项工作都要落实到具体的某个人。

最后是活动预算，活动需要多少成本，需要的活动物资有哪些，这些应根据实际情况进行具体计算，并清晰明确地列出预算表。活动策划书结构框架如图1-4所示。

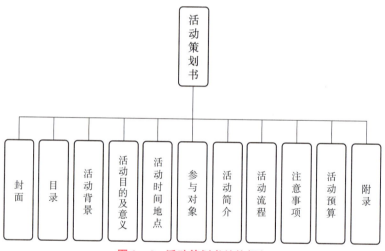

图1-4　活动策划书结构框架

（二）策划书的内容

1. 封面

一个封面一般涵盖了策划书的名称、活动标志、活动时间、主办单位、承办单位以及策划小组名称与成员名称。另外，封面要求清晰、得体、明了。

2. 目录

若要编排一个好的目录，活动策划人必须处理好策划书正文结构的排序问题，即必须注意正文结构的从属、主次问题，要注意将正文标题分级。

3. 活动背景

这部分内容是活动描述，具体包括活动的一般性介绍、主要内容和目标等。另外，在背景中也应表达活动的态度和愿景,而且需要在一开始就表达,这样做的目的是使整个活动有明确的操作方向和重点。这部分内容应该简明扼要,因为规划的重点在于流程和方法,这只是一个简单的介绍。

4. 活动理念及目标

活动理念即本次活动的理论依据是什么,目标是本次活动最终想要达到的效果或为了什么而举办本次活动。

5. 活动内容

这部分内容作为策划的正文部分,表现方式要简洁明了,使人容易理解,但表述时要力求详尽,不要有遗漏。在这部分中,不要局限于用文字表述,也可适当加入统计图表等;对策划的各工作项目,应按照时间的先后顺序排列,绘制实施时间表有助于方案核查。人员的组织配置、活动对象、相应权责及时间地点也应在这部分加以说明,执行的应变程序也应在这部分加以考虑。

6. 招募及宣传

招募及宣传应详细写明招募渠道、招募人员、招募条件、招募阶段,根据不同的宣传渠道发布不同的招募信息。

7. 活动分工

活动分工是非常有必要的,而且必须详细,每项工作都要由具体的某个人负责,具体可参考表1-4中的大型活动人员分工安排。

表1-4 大型活动人员分工安排

活动名称				活动总负责		
阶段	项目	责任人	联系电话	项目	责任人	联系电话
前期准备	拟定活动方案			申请场地		
	活动人员请假			联系各部门		
	海报宣传			广播宣传		
	邀请评委			邀请嘉宾		
	主持人			礼仪引导		
	节目审核			奖品、礼品、证书		
	赞助经费			道具准备		
	服装准备			座位安排		
	彩排					
	场地布置					

8. 风险评估及解决方案

活动的风险评估与解决方案也非常必要。如遇到糟糕天气、意外事件应如何处理,其他可能碰到的问题,如音响设备出现无声现象,酒水未能及时送到活动场地或者宾客存在未到的情况,也应该考虑进去,考虑得越周全活动举办的将越成功。

9. 项目预算

活动的各项费用在根据实际情况进行具体、周密的计算后,可以用清晰明了的形式列出来,以某社会福利中心老年人小组活动预算为例,具体见表1-5。

表1-5 某社会福利中心老年人小组活动预算

活动名称	某社会福利中心老年人小组活动			
活动时间	6月4—25日每周二下午			
准备物品	单价/元	数量	小计/元	备注
气球	12.00	2袋	24.00	用于所有活动
海洋球	0.30	20个	6.00	用于第一次活动(不同颜色的海洋球)
彩纸	1.00	25张	25.00	用于所有活动
扇子	3.00	3把	9.00	用于第二次活动
响板	9.00	3个	27.00	用于第二次活动
手摇铃	4.00	4个	16.00	用于第二次活动
鲜花	10.00	2束	20.00	用于第四次活动
透明胶带	2.00	2卷	4.00	用于所有活动
剪刀	5.00	2把	10.00	用于所有活动
水彩笔	20.00	1盒	20.00	用于所有活动
打气筒	4.00	2个	8.00	用于所有活动
合计	169.00			

项目二 老年人活动组织与运营

【知识目标】

○ 了解活动筹备的定义。
○ 了解活动执行的定义。
○ 了解细节决定成败的含义。
○ 了解活动评估的定义。
○ 熟悉活动筹备的重要性。
○ 熟悉"总导演"的责任和目标。
○ 掌握活动执行表的内容。
○ 掌握突发事件的处理办法。
○ 掌握活动筹备的具体事项。
○ 掌握活动评估的方法。
○ 掌握活动评估的内容。
○ 掌握活动评估报告的结构。

【能力目标】

◇ 能够根据活动策划书进行活动的相关准备。
◇ 能够根据活动编写活动执行计划表。
◇ 能够根据风险鉴别方法识别突发事件。
◇ 能够根据突发事件提出解决方案。
◇ 能够使用活动评估的方法来评估活动的预期目标是否达成。
◇ 能够依据评估内容,对活动进行合理评估,并编写活动评估报告。

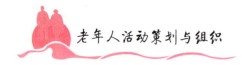

任务一 活动筹备

某老年大学在学期内开设了摄影初级班课程,某班共有20名学员,全部零基础学习该课程。临近期末,为检验学员的学习成果,拟为该班学员举办一场以"祖国的大好山河"为主题的摄影作品展。

讨论与思考:有了定稿的活动策划方案后,活动自然进入筹备阶段。针对上述活动,你应该从哪些方面进行准备工作呢?

简单来说,就是从事、物、人三方面进行准备,尤其要关注细节。在准备过程中,有进度的跟进、局部的修改、过程的监督等步骤,这都是我们需要探讨的问题。

一、活动筹备的定义

活动筹备就是活动的准备工作,即根据活动策划方案进行资源的调度和内容的准备。

二、活动筹备的重要性

活动一旦开始就是不可逆转的。

嘉宾、观众、媒体都在现场,因此出任何一点小差错都可能使活动效果大打折扣。要避免出现低级错误,达到预期的活动效果,就必须在活动前期做足筹备工作。

只有在活动筹备环节进行精心准备,才有可能避免在执行过程中遇到突发事件,以此来确保活动万无一失。

三、活动筹备概述

(一)前期确认

1. 活动初衷与主题

设计活动的初衷是什么,这个问题至少要追问自己三遍,明确想要达成的是参与人数、招商总额,或是想达成的其他目的,得出答案后就不要再改动了。因为之后所有的工作都是在这个基础上进行的,然后确认初衷与主题,主题要让人一目了然,要把最吸引人的内容亮出来。

2. 确认活动的主题：顺口，易记，四字为佳

若是中秋节，一家人在一起团聚，那么主题应该是"赏月·团圆"；若是老友聚会，没有特定主题，那就不如以"聚会·我请"为主题更加直接；若是某行业的活动，也要找到最能勾起用户参与的"痒点"，并与活动主题结合在一起，让用户欲罢不能。

3. 核算活动成本

要把这个活动办成什么档次、规模以及表演什么节目等预设做好，核算活动成本是重中之重，如果对资金没有清晰的认知，便不能厘清活动的收益。

核算活动成本可参考这个比例，即项目活动场地搭建、供应商物料采买、差旅、答谢、其他费用的占比依次是40%、30%、15%、10%、5%。

4. 制定时间表

在确认要举办活动的意向时，就可以着手制定时间规划表，对之后的各项内容进行分配，确定相应负责人和任务截止日期，避免因职责不清、分工不明、时间拖沓等造成不必要的工作失误。

当为一个活动规划时间时，一些活动策划人会预估需要花费的总时间，包括事前客户会议、场地勘察、供应商会议、持续的沟通和合同准备、实际从进场到活动完结的时间、事后付账的时间。一些活动策划人希望能根据活动策划与组织的五个步骤（调研、设计、策划、协调和评估）分期付款。

由于活动策划人只能预估这些任务所需的时间，他必须考虑每个步骤可能发生的意外情况。通过认真做好调研和设计阶段的工作，活动策划人能够更加准确地预估所需的时间，对活动本身尤其如此。策划部分需涉及什么时间到达活动现场，什么时间让乐师或表演者上场，什么时间中场休息与结束。策划活动的时间安排与管理策划过程的时间进度安排同样重要。

（二）文案策划

1. 环节设定

活动的环节对应的是活动内容的最终呈现的形式与顺序，活动的主线是什么，开场是什么节目，中场有什么互动，有没有小惊喜。

在活动中，要规划好活动呈现形式，权衡主办方、嘉宾、参与者、赞助商等各方权益，而让所有参与者满意是本环节的重点。主要在请嘉宾、做演讲、颁奖章、增互动、系情感这五个环节上设计互动。

这个环节的难点一般体现在以下几个方面。

（1）负责人的犹豫不决，对活动文案毫无意义的修改，以致活动时间无限拖延。所以，文案写作者不仅要会写文案，更要懂得向上管理，掌握劝服负责人的方法，以达到快速推进的目的。

（2）根据活动场地设计活动环节，如有无分会场，分会场数量等。前期策划时可以暂以某个理想场地作为参考来设计活动环节。

2. 活动亮点

提到亮点，一个面向人员，活动要满足参与者需求；一个是面向资金，活动能够为企业、赞助商等带来效益。

如何能达成活动目的，除了主办方自身，还可以寻求与活动定位一致的赞助方，通过为赞助商进行品牌宣传或销售等方式达到双赢效果。

在活动设计上还可以将产品进行分级，如钻石、黄金、白银，提供不同类型的服务，这样可以满足市场上不同的客户需求。

活动参与者从哪里来？参与者的职位、行业、需求等不尽相同，那么又该如何吸引他们来参加活动呢？一般从这几点出发：直面行业专家、知识学习、现场社交等。

（三）招商与推广

1. 招商和宣传

根据确认的文案内容去找相应的目标群体。关于招商赞助，文案是基础，更多的是要靠销售人员转化成销售话术，与潜在赞助商沟通。赞助商信息可在其他同类活动中获取，也可搜索其他的潜在赞助商。关于宣传，可以使用自身宣传渠道，也可以通过其他合作渠道宣传；准确把握活动宣传的引爆点和节奏。

2. 邀请人员

这里的邀请，主要是指活动里的嘉宾、重量级的人物。每次活动邀请嘉宾都是一件令人头疼的事情，邀请嘉宾难度高，而且变数大。假如一次活动要在10月10日举行，10月7日还没有确认嘉宾，甚至临时换嘉宾的情况也时有发生。例如，一次在上海举办活动时，嘉宾从北京过来参加，遇上特殊天气，飞机无法起飞，只能临时改乘高铁。所幸，这些嘉宾很容易沟通，也很配合工作。那我们应如何去邀请这些嘉宾呢？这里面有很多门道，如以小撬大，在调动身边资源的同时，要注意一些细节，不能跨太多级别邀请，如A村长可以邀请B镇长到他主办的活动中做嘉宾，但如果让A村长邀请C区长就比较艰难，不过让B镇长帮忙邀请C区长就会容易一些。这一原理在邀请嘉宾的时候也可以运用。

如果能确认一两个超重量级的嘉宾，便可以用此嘉宾去撬动其他嘉宾，吸引同类嘉宾的参与。如果能先邀请A区长参加活动，再去邀请B区长时，就可以告诉他A区长同意前来，那么B区长同意前来的可能性会更高。嘉宾的邀请，可以参考以下内容。

（1）确认拟邀请嘉宾：具有行业影响力的专家或者知名企业的高管。

（2）获取嘉宾联系方式：各种展会活动获取信息，朋友介绍，上网查找。

（3）邀请需要资源撬动：中间人介绍，发送邮件，电话沟通，上门拜访等。

（4）邮件发送正式邀请函。

（5）确认参会嘉宾正式行程，演讲话题及PPT。

（6）是否负责嘉宾差旅费，是否赠送嘉宾礼品。

（四）活动准备

1. 场地筛选与布置

活动地点的选择能直接展示活动的主题与特性。在选择场地时要现场勘察场地大小、环境情况、地理位置因素，确保场地达标。另外是对活动场地搭建布置的供应商进行选择，可以通过多家比价、好评推荐等方式选择最优供应商，在控制成本的同时，保证活动的质量。选定场地后，主办方、场地方与搭建供应商至少做一次三方会谈，一起重新勘察场地，查看细节，可让搭建供应商提前准备现场搭建方案，确保方案可实施。

2. 物料采买

由确认的相关工作负责人给出物料清单和物料采购意向，确保物料在活动开始前五天准备完成，不会因误差等原因造成不能使用等情况。永远有备用计划，以防意外情况的发生。活动物料采购比价见表2-1。

表2-1　活动物料采购比价

渠道	物料名称	规格	数量	单价	发票	税点	运费	应付总价	实际支付	地址	最终选择	备注
批发商												
实体店												
其他												

四、撰写活动策划书

在项目一"撰写活动策划书"中，已经介绍了一份完整的活动策划书的写法，其中包括封面、目录、活动背景及意义、活动时间地点、参与对象、活动流程、活动分工、活动预算等内容。

（一）初版设计

围绕活动主题和目标以及调研情况，设计活动内容及流程，完成活动策划书的初版设计。

（二）沟通调整

在方案准备期间，就完成的初版活动策划书与管理者进行沟通，请管理者审核。

审核通过后，邀请参与活动的项目组全体成员共同参会，讲解活动策划书的主要内容，加深参与者的理解，使各方达成一致意见。

需要注意，在沟通过程中详细记录反馈意见，并根据合理的建议随时更新方案。

（三）流程细化

根据设计和沟通反馈，将各流程的内容进行细化，主要包括每个流程的时间节奏、内

容资料、呈现方式、互动设计等方面，并对相应的物料需求进行详细记录。

（四）特殊活动

预想是否会有临时突发活动，配备突发活动负责人，设计临时突发活动方案书。

五、筹备活动时间

（一）活动日期

1. 考虑因素

（1）是否选在主要节假日（如国庆节、重阳节、中秋节、母亲节、父亲节等）？
（2）是否与陪伴孙子、孙女（如学校假期、春游、秋游、运动会等）的时间冲突？
（3）是否与处理自己事情的时间冲突？
（4）志愿者是否有足够的时间来支持活动？是否应该选择周末？
（5）其他需要考虑的因素（如物价、预订酒店等）。

2. 注意事项

为了保证活动效果，要尽量避开天气恶劣的日子（如避开酷暑天气、雨雪天气、雾霾天气等）。

（二）活动时间

1. 活动举办时间

大多数老年人由于没有固定的上下班时间限制，所以参加活动的时间相对比较宽松，时间安排得比较自由。但也要考虑到老年人的生活安排和日常作息时间，尽量不打乱他们的日常生活。

2. 活动持续时间

活动时间一般不宜过长，应控制在1.5小时以内，如果超过1.5小时，应安排中场休息环节，避免让老年人感觉劳累。

3. 注意事项

在活动中需要给老年人留出时间上厕所、短暂休息等。在活动开始前，要了解老年人是否需要在固定时间点吃药，在每次活动结束后需要强调下次活动时间，且在下次活动开始前，要用打电话、发短信、上门拜访等方式再次提醒老年人注意活动时间。

同时，还要避开上下班高峰时间段，节省老年人来回赶路的时间。

（三）时间进度

以每个活动的估计时间和活动顺序的逻辑关系为基础，制定完整的时间进度计划，其中包括每个活动的开始和结束日期。

下面介绍一种有效的时间管理方法,通过甘特表来安排时间和管理时间。

甘特表是以图示的方式,通过活动列表和时间刻度形象地表示任何特定项目的活动顺序与持续时间的一种表格。

1. 甘特表的内容

表 2-2 为甘特表示例。

(1) 任务。

把活动管理各个区域的工作分解成一个个易于管理的任务或活动。

(2) 时间段。

给每个任务设置一个时间段(需要考虑的因素是开始时间和结束时间)。

(3) 优先顺序。

设定任务的优先顺序。

(4) 图表。

画一张表,横着的第一栏显示活动组织的日期,在表的左边列出各项任务,用横着的粗线来显示各任务的时间跨度。

(5) 节点。

因为节点表是用来监控活动进展情况的,所以对于那些特别重要的任务要指定节点,并在表中标记出来。

表 2-2 甘特表示例

任 务	周五	周六	周日	周一	周二	周三	周四	周五	周六	周日	周一	周二	周三	周四
清理和准备场地	━	━	━									○		
安装发电机		━												
灯光到位并安装				━	━	━	━	━	━	━	━			
帐篷到位					━	━	━	━	━	━				
舞台设备到位并安装						━	━	━	━	━	━			
场地安保									━	━	━	━	━	
音响系统到位											━			

注:○为节点,即节庆活动的开始时间。

2. 甘特表的优点

(1) 视觉化地概括了项目或活动的时间安排。

(2) 是一种有效的沟通和控制工具(特别是对于外包供应商和志愿者)。

(3) 能指明时间安排方面存在的冲突之处和问题所在。

(4) 适用于所有的活动领域。

(5) 能提供活动的简明历史。

3. 绘制甘特表的步骤

（1）明确项目涉及的各项活动、项目。

内容包括项目名称（包括顺序）、开始时间、工期、任务类型（依赖性活动或决定性活动）和依赖于哪一项任务。

（2）创建甘特表草表。

将所有的项目按照开始时间、工期标注到甘特表上。

（3）确定项目活动依赖关系及时序进度。

按照项目的类型将项目联系起来，并且安排项目进度。此步骤将保证各项活动在未来计划有所调整的情况下仍然能够按照正确的时序进行，即确保所有依赖性活动能并且只能在决定性活动完成之后按计划开展，注意避免关键性路径过长。关键性路径是由贯穿项目始终的关键性任务所决定的，它既表示了项目的最长耗时，也表示了完成项目的最短可能时间。需要注意的是，关键性路径会由于单项活动进度的提前或延期而发生变化。不要滥用项目资源，对进度表上的不可预知事件要安排适当的富余时间。但是，富余时间不适用于关键性任务，因为作为关键性路径的一部分，它们的时序进度对整个项目至关重要。

（4）明确项目所需时间。

计算单项活动任务的工时量；确定活动任务的执行人员并适时按需调整工时；计算整个项目的时间。

六、筹备活动地点

（一）场地的选择

1. 场地的类型

（1）室内场地。

老年人活动可选择在固定的建筑物内举办，如会议中心、展览馆、活动中心、电影院、宴会厅等。这种场地往往是永久性、多功能的，经过装饰和调整，适合举办各种活动。

（2）临时搭建的凉棚式场地。

临时搭建的凉棚式场地是指临时搭建的用来举办活动的暂时性场地，往往选择在无建筑设施阻挡，有一定活动范围的草坪、广场或其他较为平坦的开阔场地。

（3）露天场地。

有些老年人活动由于有流动性或受活动性质和类型的限制，并不需要顶棚，因此可在草坪、广场等露天场地或在有规定路线的街道上举行，如广场音乐会、老年人运动会、草坪金婚纪念日等。

2. 选择场地应考虑的主要因素

（1）活动的性质。

例如春游活动，只能外出，不能在室内进行。

(2）活动的规模。

包括活动参与者的数量、活动的级别、邀请的领导和嘉宾等因素。

（3）场地条件是否适合活动。

如在室外举行老年人羽毛球比赛，在室内举行花车大巡游活动，都不太适宜。此外，还要考虑活动场地的地面是否平整。如要进行教学类活动，需要使用投影仪，则要考虑场地是否有电源，是否有适合投影的墙面等。

（4）场地的区位因素。

如场地的交通是否便利；食、宿、游、购等是否便利；如在室内举办活动，是否有电梯方便到达，是否有厕所供老年人使用等。

（5）设施设备要求。

老年人活动组织者要考虑活动场地的照明强度、温度湿度、场地尺寸、衣帽间、评委和观众席、停车场等是否适宜本次活动。活动场地的出入口，一定要确保老年人能够畅通无阻地出入，疏散通道、急救车辆的通行区一定不能堵塞。

（二）场地的布置

活动场地的布置必须围绕整个活动的主题展开。在安排座位时，必须考虑座位的类型——是固定的还是移动的，还要考虑参与者的数量。此外，还要考虑参与者到达的方式，以及场地的安全措施是否完备，包括安全门位置、过道位置和大小等。主要的场地布置模式有以下几种。

1. 剧院礼堂式

这种布置模式最前面是主席台，主席台有若干个座位（数量视会议需要而定）。参与者的座位围绕主席台，有正面向座位、左面向座位和右面向座位。这种形式多适用于参与人数多，较为正式的会议或主题报告讲座等。

2. 教室式

这种布置模式和学校教室一样，最前面是投影屏幕或白板，然后是主席台，主席台后面有桌子和椅子，中间留出1~3个通道，以方便主持人走到老年人中间进行交流。教室式较剧院礼堂式参与人数少，形式可自由活泼一些。

3. 宴会式

这种布置模式较为随意，有利于调动参会老年人的积极性，多与酒会等活动结合在一起使用。

4. 体育馆式

大多数赛事采取体育馆式布置模式，座位设置在赛场四周。这种布置模式能提高观众的参与度。

5. T型台式

即主席台向观众区延伸，三面被观众席环绕，这样能拉近表演者和观众的距离，便于互动，如老年时装秀可采用这种布置模式。

6. U 型或圆桌型

这种布置模式可以把参与者和活动组织者连在一起，感觉更随意，如茶话会。

七、筹备人力资源

（一）参与对象

应根据活动性质、目的，确定出席活动的范围、资格、条件等，合理确定参加活动人员的名单。参加活动人员一般包括主持人、领导、嘉宾、老年人、员工、志愿者等。对参加活动人员的数量要有精确的统计，以便其他准备工作可以顺利。

（二）利益相关者

只要是与活动进展有关的利益相关者（如政府部门、设计单位、赞助商、银行以及运输、通信、供电等部门），其工作进度延后都必将对进度产生影响。因此，需要提前与活动涉及的相关单位和人员协调好。

（三）人员管理

人员管理也是活动管理中的重要一环，主要包括活动团队的人员配置和管理，甚至包括志愿者的管理。

1. 活动团队人员分工

（1）统筹组。
①统筹协调，上下沟通并解决问题。
②跟进每组的工作进程。
③定期组织全体工作人员会议和主要负责人会议。
④对外沟通的代表。
⑤制作整体工作进度表和分工表（包括在筹备、彩排、活动当天以及活动现场使用的）。
（2）文案组。
①主持词的撰写。
②主持人手卡的制作。
③宣传标语的撰写。
④邀请函内容的撰写。
（3）宣传组。
①宣传方案的制作。
②横幅、喷绘、展板、写真 KT 板、PPT 等的制作。
③网站、数字导航仪的使用。
④活动现场的录制。

⑤活动后期的宣传。
⑥活动现场各类照片的拍摄。

(4) 节目组。

①节目类型的选择。
②节目的编排及包装。
③节目顺序的设置（暖场—高—低—高—低—高）。
④节目形式的突破性及时代性。
⑤节目的签到和催场，以及主持人的站位等细节问题。

(5) 舞美组。

①舞台的包装及设计。
②要结合场地来设计和创造舞美。
③要切合活动的主题来完成舞美。

(6) 音频组。

①音乐视频的选择及编辑。
②视频的拍摄。
③协助其他组。

(7) 灯光音响组。

控制台、话筒、灯光、侧灯、追光、泡泡机、烟雾机、烟花等的调试和准备。

(8) 财务组。

①预算的制作。
②决算的制作。
③保证财务安全。

(9) 后勤组。

①物资的准备及采购。
②服装的准备及现场化妆。
③人员的调配。
④完成清场工作。

2. 志愿者管理

根据《中国青年志愿者注册管理办法（试行）》的定义，志愿者是指不为物质报酬，基于良知、信念和责任，自愿为社会和他人提供服务和帮助的人。对许多活动来说志愿者是维系活动生命的血液，绝大部分的活动完全依赖志愿者的推动。能否有效地招募、培训和奖励志愿者成为许多老年人活动组织管理运作中一个极其重要的部分。志愿者参与的工作通常包括引座员、礼仪员、计时员、行政人员、后勤协调人员、记录员、急救员、安全员等。

(1) 志愿者招募。

市民和互助性组织是志愿者来源的一个渠道。这些组织的使命之一是为社区提供服务。因此，这些组织可以满足招募志愿者的要求。另外一个渠道是高校或中学。有些学校要求学生必须完成最低限度的志愿服务；有些学校的学生组织数目很多，他们都有提供服务的任务和意愿。吸引这些志愿者的关键问题是"我能从中得到什么？"因此，了解他们的需求，然后利用活动来帮助他们实现自己的需求，最终实现双赢。

（2）志愿者培训。

参加老年人活动的志愿者必须接受三个方面的培训：活动基本框架培训、场地情况培训和具体工作任务情况培训。

①活动基本框架。向志愿者提供老年人活动的策划案，让志愿者对活动有充分了解，以便志愿者向参加活动的老年人提供最佳的服务和可靠的信息。

②场地情况。带领志愿者在场地进行考察，有助于他们了解场地设施和设备以及各个不同区域和服务程序。另外，这一阶段也是讲解各类应急措施的最佳时机。

③具体工作任务情况。志愿者要了解并知道如何履行工作职责，在他们接触参加活动的老年人之前，要进行一些预演和角色扮演练习，这样有助于他们熟悉自己的工作。

（3）志愿者奖励。

不要等到活动结束才对志愿者说"谢谢"。有很多组织会通过发布志愿者新闻通报的方式向他们表示感谢，有些组织则举行假日聚会表达谢意。给予志愿者经常性的和不断的表彰是建立一支强大有力、忠诚可靠的志愿者队伍的重要保障。另外，还可以在志愿者团队成员中开展类似的正当竞赛等。归纳起来，可分为非物质奖励和物质奖励。非物质奖励包括与运动员、明星、音乐家和艺术家会面，表扬和口头认可，培训和技能发展等。物质奖励包括商品、入场券、聚会、证书、胸章、纪念品等。

八、筹备活动物料

根据策划书的要求，由专门人员（后勤组）负责物料的采购，在采购过程应综合考虑预算及实际需求，以"适用"为原则，杜绝浪费性的采购。

采购的形式可以多样化，建议多使用网络采购，如淘宝或京东商城等电商平台，因为这些平台不仅品种丰富、价格实惠、送货上门，而且票据齐全。

大批量采购，如果是实地采购，尽量到当地总经销或批发集散市场采购，但要注意收集票据。

涉及物品种类很多的采购，要事先做好适当的分类，并且提前安排好物料的后续运输及使用情况。

九、活动预算

（一）经费的申请

将活动环节分解，明确活动各环节所需的资源种类和资源数量，对活动各环节的资源需求情况进行预估，将估算的费用进行初步分配，再结合活动进度将这些费用分配下去，从而完成活动预算表的制作，见表2-3。

表 2-3 活动预算参考案例

活动	端午携手绘，彩蛋展民俗				
时间	2020 年 6 月 7 日				
申请部门	照护部				
序号	名称	单价/元	数量	小计/元	备注
1	横幅	40.00	1 条	40.00	布置现场，活动宣传
2	气球	0.20	100 个	20.00	布置现场
3	水果和零食			200.00	机构食堂采购
4	彩带	6.00	2 卷	12.00	布置现场
5	彩蛋	1.58	50 个	79.00	活动物料
6	扇子	2.50	70 把	175.00	活动物料
合计	526.00				

将制成的活动预算表交于相关负责人审批或者签字，申领活动经费。

(二) 经费的管理

活动的经费必须由专人专管，每笔支出必须记录并获取相应的票据。票据的抬头（单位名称）必须绝对正确，以确保后续报账销账可以顺利进行。严格按照预算支出，超预算的需经请示获批后才能执行。

十、活动危机

(一) 危机事件

老年人活动举行过程中发生的火灾、自然灾害、设备故障、参与者突发性疾病等，都可称为危机事件。危机事件具有突发性、破坏性、不确定性、紧迫性等特征。危机事件会给组织和个人带来严重的损害，为降低这种损害发生的概率，相关负责人需要在时间紧迫、人财物资源缺乏和信息不充分的情况下立即做出决策和采取行动。

(二) 危机范围

1. 选择场地

一旦确定了举办活动的区域，就应该立即着手深入全面地调查这个区域的安全状况，包括考察建筑物、室内场地、户外场地、院区和环境的安全性。

建筑物的安全性：建筑物必须坚固安全，建材必须经久耐用，以达到防风、防震、防火的目的。

室内场地的安全性：组织者要经常检查室内场地（教室、活动室等）的物质环境，如设备、橱柜等是否存在伤害老年人的尖角和凸起；出入门的门面是否光滑、有无棱角；出入的通道和卫生间是否为防滑地面。

户外场地的安全性：户外活动应选择安全耐用的器材，注意器材的安全间距；老年人在活动时应有专人监督；运动器材应定期检查和维护；户外活动场地的地面应能防止老年人由于跌倒而导致擦伤。

院区的安全性：户外设备应固定在地面上，以免翻倒；室外的插座及电线设备应设置在一般人够不到的地方；楼梯的两边应设扶手，楼梯阶层不宜过高，以老年人的跨度为准；在安全疏散和经常出入的通道上，不应设台阶。

环境的安全性：一是保证老年人的生理健康。环境创设的材料是安全的，不应出现过于艳丽或者暗淡的颜色、刺鼻的气味、尖锐的角、物体掉落的危险以及过量的铅和甲醛等有害物质。二是适于老年人的心理健康。环境创设的内容要轻松愉快，能为老年人带来安全感、舒适感；应为老年人提供成功体验，让老年人感受成功的快乐；应创设一些可以发泄情绪的空间，以帮助老年人舒缓情绪。

2. 规章制度

制定规章制度是为了使活动组织者和参与者避免出现因安装、拆卸、设施导致的相关风险。这些规章制度通常有两大类，即场地风险和活动风险。场地风险是指一些直接与设施有关的风险。要询问安全措施，检查容易被人忽略的地方，查看场地是否存在乱涂乱画和乱扔垃圾等现象。这些地方最能说明安全工作是否到位。注意查看场地是否安装了电子监控系统，这些监控系统是何时、通过什么方式工作的。活动风险是指活动组织者与参与者就活动的规章制度和政策的理解不同而产生的问题。

3. 财物与人身安全

考察场地后的第一步是制定人身安全计划。第二步是确保为活动组织者和参与者购买足额保险，以便在遭遇失窃、自然灾害以及其他意外情况时，能得到足够的赔偿。第三步则是建立一个全面综合的登记系统，观察活动所有参与者的出入情况。

4. 自然灾害

最常出现的是与天气有关的自然灾害，处理这类自然灾害的首要原则是不要低估自然的力量。若要减少自然灾害对活动的影响，关键在于做好准备工作。在考察场地时就应该对活动区域的情况进行全面调查。了解这个区域在历史上是否遭受过自然灾害，如冬季是否出现过暴风雪天气，夏季是否出现过洪水肆虐等现象。所有这些有关自然灾害方面的信息可以到当地的应急管理局、气象局等有关部门查询。

5. 人为灾害或暴力行为

活动组织者不仅要关注自然灾害，更要关注人为灾害或暴力行为。因为当大量的人聚集在一起时，就有可能出现突发意外情况。这些情况可分为四大类，即食物中毒、暴力行为、示威和对抗。

（三）危机防范

1. 制定安全计划和程序

制定一个安全计划，首先是要熟悉活动的所有细节，了解活动的特点，如预期的参与人数、场地、办公室、休息室和会议室的地点和使用等；其次是了解和协调道路交通，了解建筑物的安全和活动的安全状况；再次是组织者应该与场地的协调人员、建筑物的安保人员等密切合作，共同制定安全计划。

2. 综合各项因素制定计划

制定危机管理计划是以一系列决定为基础的，这些决定旨在避免或最大限度地减少危机对个人、本次活动和财产造成的损失。保护的顺序依次是人员、本次活动和财产。

3. 评估危机管理计划

危机管理计划是一个动态的"活文件"，需要不断发展、改进和更新。首先，外部形势不断变化，危机管理计划应该随着外界因素对活动的影响而不断变化；其次，不论何时发生危机，都应该及时对危机管理计划的价值进行评估，以确保所有参与者的安全；最后，任何活动都是独一无二的，因为参与者的人数会变化，活动的场地也可能发生变化，每当出现这种变化时，活动组织者都必须重新审阅已有的危机管理计划，不给风险留机会。

4. 应变处理

活动危机的形式是多种多样的，每种危机不论何种形式，都会对活动构成威胁，应付不测以求得生存是一切危机管理的基本原则。第一，应该在危机发生前制定危机应变方案，以确保危机到来时能够有准备地应对；第二，高度重视；第三，临危不乱；第四，快速反应并及早处理；第五，行胜于言，在危机突然降临时，积极的行动要比单纯的广告和宣传手册中的华丽词语更有意义；第六，把握信息发布的主动权。一般来讲，在出现危机时最好成立一个新闻中心，将危机真相告诉社会大众，有必要安排一人专门写稿，介绍危机的详细情况以及活动组织者所做出的决策，以保证活动的顺利进行，同时也可以维护活动的信誉。

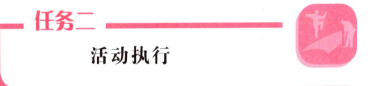

任务二 活动执行

从前，有一个年轻人爱上了一个姑娘，最后这个姑娘成了他的未婚妻。这天，姑娘过生日，年轻人想送一件礼物给她。他来到商店，看了钻石、珠宝……但它们太贵了。突然，年轻人看见了一个花瓶，它是如此美丽，以至于他觉得把它送给未婚妻再合适不过了。但它也是那么贵……年轻人站在那里看了很久。终于，商店的经理注意到他了。听说了他的情况，经理很同情他。他指着墙边一大堆碎花瓶片说：这样吧，我叫人把这些碎片给你送去，再让这人进门时装作失手跌落不就行了？年轻人听了后觉得这是一个非常棒的主意，他向经理表示感谢后离开了。到了未婚妻生日那天，年轻人很紧张。果然，有个伙计为他送来了一个盒子，而当他进门时把它跌落在了地上。所有客人都看着这个盒子，年轻人的未婚妻拆开一看，是一些碎花瓶片，但每块碎片都是被分开包装好的。

讨论与思考：这个案例体现出执行与策划之间是什么样的关系？

一、执行的定义

执行的定义很简单，就是按质量、不折不扣、精益求精地完成任务，达到预期目标。这是对执行最简单也是最精辟的解释。然而执行是行动、是过程，想要完美地完成这项行动需要专业能力的保障，也需要细节之处的用心，更需要在遇到紧急情况时能够妥当处理，把损失降到最低。所以活动的执行是做活动最关键的一步，也是一个活动能否成功的量化标准。

案例介绍：一位美国退伍军人的故事

美国有位退伍军人在战场上负了伤。当他回到居住地的时候，因为年龄比较大，所以找工作变得非常不容易，很多单位都拒绝了他。而每次他都迈着坚定的步伐，继续寻找可能的机会。

这一次，他来到美国最大的一家木材公司求职，被招聘人员挡在了门外，一口回绝，号称不会聘用他。

这时，他通过几道关卡，终于找到了这家公司的副总裁。他非常坚定地对这位副总裁说："副总裁，我作为一名退伍军人，郑重地向您承诺，我会完成您交给我的任何任务，请您给我一次机会。"

副总裁一看他的年龄，再看他这个样子，像开玩笑似的，真的就给了他一份工作。那是一份什么样的工作呢？那是公司在美国中部的一个烂摊子。

在此之前，公司派了很多优秀的经理人，都没能把这项工作处理好。因为在那里有恶劣的客户关系，欠款长期不能收回，公司的形象受到了损害。

副总裁想：比你优秀的经理人去都不能完成这个任务，我不如卖一个人情，也让你证明一下自己不是那块料。退伍军人说："我保证完成任务。"

第二天，他就奔赴那个烂摊子。几个月之后，他挽回了公司的形象，理顺了客户关系，并且追回了几乎所有欠款。

在一个周末的下午，总裁把退伍军人叫到自己的办公室，对他说："我这个周末要出去办一点事情，我的妹妹在犹他州结婚，我要去参加她的婚礼，麻烦你帮我买一件礼物。这件礼物在一个礼品店里。礼品店里有一个非常漂亮的橱窗，里面有一只蓝色的花瓶。"

他描述了之后,就把写有地址的卡片交给了退伍军人。退伍军人接到任务后,郑重地向他承诺:"我保证完成任务!"

退伍军人看到卡片的后边有老板乘坐的火车车厢和座位号。因为老板跟他说,把这个花瓶买到之后,送到自己所在的车厢就可以了。

于是,这位退伍军人立即行动。他走了很长时间才找到卡片上的地址,当找到地址的时候,他的大脑一片空白。因为这个地址上面根本没有老板描述的那家商店,也没有那个漂亮的橱窗,更没有那只蓝色的花瓶。

各位,如果是你,你会怎么做呢?

可能你会向老板这样说:"对不起,你给我的那个地址是错的,所以我没有办法拿到那只蓝色的花瓶。"但是,这位退伍军人没有这样想,因为他向老板承诺过:保证完成任务。

他第一时间想到给老板打电话确认,但是老板的电话已经打不通了。因为在北美,周末的时候老板是不允许别人打扰他的。

怎么办?

时间一分一秒地过去,这位退伍军人结合地图,再通过扫街的方法,在距离这个地址五条街的地方,终于看到了老板所描述的那家店。远远地望去,就是卡片上的那个漂亮橱窗,他已经看到了蓝色的花瓶。他非常欣喜,但他飞奔过去,一看门已经上锁,这家商店已经提前关门了。

如果是你,你会怎么办?

可能你会对老板这样说:"对不起,因为你给我的地址是错的,我好不容易才找到了正确的,但人家已经关门了。"但是,这位退伍军人没有这样想,因为他向老板承诺过:保证完成任务。

这位军人结合黄页和地址,终于找到这家店经理的电话。当他打电话过去说要买那只蓝色的花瓶,对方说:"我在度假,不营业。"然后就把电话挂了。

如果是你,你可能会说:"对不起老板,人家不营业,我买不到。"你会找出一大堆的理由说明自己没有完成这个任务。但是,这位退伍军人没有这样想,因为他向老板承诺过:保证完成任务。

他在想,即使付出惨痛的代价,我也要拿到那只蓝色的花瓶。他想砸破橱窗拿到那只蓝色的花瓶,于是他转身去寻找工具。等他好不容易找到工具回来后,正好从远方来了一位警察,全副武装,那个警察来到了橱窗面前,站在那里居然一动不动。然后这位退伍军人静心地等待,等了好久,那个警察丝毫没有走的意思。

这个时候,这位退伍军人意识到了什么。他再一次拨通该店经理的电话,第一句话说:"我以自己的性命和一个军人的名誉担保,我一定要拿到那只蓝色的花瓶。因为我承诺过,这关系到一个军人的荣誉和性命,请您帮帮我。"

经理不再挂掉他的电话,而是一直在听他讲。他讲述自己在战场上是如何负伤的。因为他在战场上承诺战友,一定会挽救战友的生命,一定要把战友背出战场。为此他身负重伤,留下残疾。

经理被他感动了,终于愿意派一个人为他打开商店的门,把蓝色的花瓶卖给他。退伍军人拿到了蓝色的花瓶,非常开心,但一看时间,老板的火车已经开走了。

如果是你，你会怎么办？

你可能会找出一堆理由向老板解释："你给我的地址是错的，我好不容易找到，人家已经关门。我遭遇挫折、经历磨难，终于拿到了这只蓝色的花瓶，但你的火车已经开走了。"但是，这位退伍军人没有这样想，因为他向老板承诺过：保证完成任务。

于是，这位退伍军人给他过去的战友打电话。他想租用一架私人飞机（在北美有很多人拥有私人飞机）。他终于找到了一位愿意把私人飞机租借给他的人，然后他乘着飞机到达老板乘坐的火车的下一站，当他气喘吁吁跑进站台的时候，老板的火车正好缓缓地驶入站台。

他按照老板告诉他的车厢号走到老板的车厢，看到老板正安静地坐在那里。他把蓝色的花瓶小心翼翼地放到桌子上，跟老板说："这就是您要的那只蓝色的花瓶，请给您妹妹带去我的祝福，祝您旅途愉快。"然后就转身下车了。

新的一周开始了。上班的第一天，老板把退伍军人叫到自己的办公室，跟他说："谢谢你帮我买的礼物，我妹妹非常喜欢。你完成了任务，我向你表示感谢。其实，公司这几年一直在选一位经理人，想把他派到远东地区担任总裁。这是公司最重要的一个部门，但之前我们在挑选经理人的过程中，始终不能如愿以偿。后来，顾问公司给我们想出了一个用蓝色的花瓶测试经理人的办法。在选择经理人的过程中，大多数人都没有完成任务。因为我们给的地址是假的，我们让商店经理提前关门，还让他只能够接听两次电话。在过去的测试中只有一个人完成了任务，他把橱窗的玻璃砸碎拿到了那只蓝色花瓶，我们觉得这跟我们公司的道德规范不相符，因此没有录用他。所以在后来的测试中，我们特意雇了一位全副武装的警察守在那里。但是所有这些，都没有阻碍你完成任务的决心。你出色地完成了任务，现在我代表董事会正式任命你为本公司远东地区的总裁……"

什么叫执行？

这就是执行！

那么在活动策划中，执行就是活动现场，我们该如何很好地把控现场呢？

在上述案例中，活动执行受到了什么因素的影响？

二、活动现场

（一）人员分工与安排时间表

确认全部流程、每个环节及对应的人员，保证活动的顺利开展，让所有参与者有宾至如归的感觉。人员分工的好处就是各司其职，每个项目都有负责人，也有流动支持人员，既能有序不乱，又可以责任到人。

（二）彩排与现场

正式开场前要留出足够时间，至少做一遍全流程的彩排。查看现场相关人员的工作安排，检查大屏幕、PPT、灯光等细节，力求尽善尽美。现场执行只要按照事先安排去做就行，发现问题及时反馈，遇到突发事件快速反应并马上解决。另外，还要注意参与者的情绪，出现问题应随时安抚，保证活动的满意度。

本环节容易出错的地方在于：现场人多拥挤、各项目的负责人联系不畅，对突发情况处理不当。所以要事先彩排，防患于未然。

三、创建计划表

若要把策划落到实处，执行是重中之重；要做好执行，创建计划表是非常可行的办法。

编写执行计划表有三个重要步骤：首先，与关键信息提供者核实计划是否已经包含了所有关键信息；其次，在团队会议上介绍与解释执行计划，并收集成员的意见与建议；最后，再次核对时间、职责以及分工是否有误，并确保执行计划没有逻辑问题。

（一）关键信息提供者

活动策划人让团队的全体成员共同起草执行计划，指导团队中的每位成员完成反映其所负责工作的部门或个人执行计划。活动策划人将各部门执行计划汇总后，发回给相关负责人，让其核对执行计划的准确性。一般情况下，协助完成执行计划的关键信息提供者包括供应商、活动策划人、现场协调人员、餐饮承包商、活动协调人、灯光和音响等设备部门管理人员、租赁协调人员、消防部门协调人员、设计师、安保协调人员、停车协调人员等。

（二）团队会议

活动策划人将执行计划表在团队会议中向团队成员介绍时，需要详细介绍每个步骤，并适时解答团队成员的疑问，收集成员关于如何更好地安排计划、加强执行与提高效率等问题的反馈意见，在会后完善该计划表，并向上级报告。

（三）测试时间安排与分工

执行计划表是一个六栏式的表格，按照逻辑顺序将活动的各种关键要素填入执行计划示例（表2-4）中，在实际操作中可以适当调整表头。与编制预算表相似，执行计划表也是基于现有知识与资料预测活动应该如何开展。

表2-4 执行计划示例

任务	开始时间	结束时间	详细说明	负责人	备注
视察场地	—	—	检查隐患或问题是否存在	活动策划人	—

续表

任务	开始时间	结束时间	详细说明	负责人	备注
灯光和音响公司入场	—	—	到场，卸货并搬入会场	活动协调人/执行经理	—
安装灯光和音响	—	—	安装、悬挂、聚焦、测试	活动协调人/执行经理	—
午休	—	—	员工吃午餐	餐饮承包商	—
鲜花供应商入场布置	—	—	布置舞台，准备装饰品	鲜花供应商	—
租赁公司入场并摆设桌椅、铺餐布	—	—	摆放桌椅，铺餐布	租赁公司	—
餐饮承包商入场准备	—	—	准备餐饮	餐饮承包商	—
活动策划人检查桌椅、装饰、灯光、音响	—	—	最终检查	活动策划人	—
乐队校音与预演	—	—	最终音效检查	活动策划人、表演者、技术专家	—
服务员就位准备迎宾	—	—	工作人员准备完毕，开门迎宾	活动协调人	—
开门迎宾	—	—	宾客入场，引导入座	活动协调人	提前开门（19:10）
沙拉	—	—	上沙拉	餐饮承包商	—
撤走沙拉上主菜	—	—	上主菜	餐饮承包商	—
撤走主菜上甜品	—	—	上甜品	餐饮承包商	—
撤走甜品上咖啡和糖果	—	—	上咖啡和糖果	餐饮承包商	—
致欢迎词与节目介绍	—	—	所有服务员退场，演讲开始	舞台经理	—
娱乐节目	—	—	乐队	舞台经理	推迟开始（20:40）
跳舞	—	—	跳舞	—	—
关闭吧台	—	—	停止供应	—	—
活动结束	—	—	亮场闭幕	活动策划人	—
拆除活动布置，退场	—	—	拆除设备，撤出活动现场	活动协调人/执行经理	—
复检场地	—	—	检查是否有因活动造成的场地损坏	活动策划人、活动协调人、场地负责人	—

以上为大型活动的计划表,在实际操作中,活动可能并没有如此复杂。但同样也可以借鉴该计划表的方式,仅需要在此基础上精简,见表2-5。

表2-5 执行计划示例

序号	任务	活动时间	详细说明	活动道具	负责人
1	布置场地	18:00—18:20	检查电源、灯光、设备是否到位	1. 插线板 2. 投影仪 3. 话筒 4. 板凳	活动策划人
2	人员入场	18:20—18:30	机构内全体老年人及工作人员来到活动现场	—	活动协调人
3	活动开场	18:30—18:40	主持人宣布活动开始,机构领导致辞	话筒	主持人
4	播放视频	18:40—18:50	播放中国近十年发展状况的视频	1. 视频文件 2. 投影仪	舞台负责人
5	小品	18:50—19:10	小品《主角与配角》	话筒	演职人员
6	最美和声	19:10—19:20	与老年人合唱《我只在乎你》	话筒	演职人员
7	看图猜物	19:20—19:30	主持人向老年人介绍看图猜物的游戏规则。游戏规则是老年人先围成一个圆圈,见习小组成员站在中间先向老年人展示图片,老年人根据图片猜出生活中常见的物品,猜对次数最多的老年人获胜	1. 话筒 2. 音乐 3. 图片	演职人员
8	音乐照顾	19:30—19:40	带领全体老年人一起进行音乐照顾,达到活跃气氛、锻炼身心的目的	1. 话筒 2. 音乐	演职人员
9	分享环节	19:40—19:45	活动现场所有参与者自愿分享自己的感想和收获	话筒	主持人
10	活动结束	19:45—19:50	主持人宣布活动结束	—	主持人
11	颁发纪念品	19:50—19:55	见习小组全体成员一起把纪念品分发给老年人	纪念品	活动协调人
12	合影留念	19:55—20:00	机构内全体老年人、工作人员及演职人员合影留念	摄像机	活动协调人
13	恢复场地	20:00—20:10	还原场地设备;护送老年人回到房间	—	活动策划人

> **知识拓展**
>
> （1）在团队会议中注意关键信息提供者的意见反馈，对在活动安排中出现的问题提出改进措施并告知责任人。
>
> （2）执行计划表要根据活动实际情况调整，不可刻板地应用。

四、"总导演"坐镇现场指挥

在活动的执行阶段，活动策划的负责人是最为重要的角色，是连接前期策划、物资、现场把控执行等环节的重要纽带。策划再完美，最后的活动现场都要靠执行来实现。"总导演"就像是一场战争的指挥官，他要负责项目的整体规划、形式的表现、人员的安排、现场的调度、与客户的沟通协调以及整个项目团队的管理。其中任何一环出现差错，都有可能导致整场活动的失败。

"总导演"作为一个团队的资源调配中心，有一个很恰当的比喻——章鱼的触角。现场活动的任务命令都是从这个资源调配中心发出并延伸出去的，它的神经中枢控制着每个整体协调一致的动作。但是人无完人，"总导演"毕竟不是全能的，而且他的精力也是有限的，所以实际上"总导演"负责制对这个岗位的最大要求应该是取舍制度，这就对"总导演"的责任和目标提出了要求。

（一）"总导演"一定是一个很好的倾听者

"总导演"要倾听来自各板块负责人反馈的各种信息和建议，然后把所有内容归纳起来进行取舍。例如，对于舞台、灯光、舞蹈、道具等各方面的意见和建议。

（二）"总导演"需要发挥总调度的作用

在完成上述内容的充分沟通后，"总导演"要把一些专业性的工作分配下去，让各工作小组或人员负责完成。

（三）"总导演"需要进行监督核查

"总导演"需要根据执行计划表，严格按照节点进行调度和核查，使整场活动按照模块化的活动流程进行。

因此，"总导演"是一个功能性的代表。他处于中枢地位，是指挥各工作小组和人员完成策划方案中已经出现过的大流程、小细节的总指挥官。他用自己的思维和经验把这些资源统筹组织起来进行系统运作，即分工协作地执行并完成活动每个环节的所有任务，这也是"总导演"负责制的含义。

五、突发事件的处理

(一) 风险评估

在活动开始前对可能存在的风险进行评估可以有效降低活动损失，确保活动正常举行，在考虑活动风险时可以从以下几方面思考。

1. 活动组织

考虑工作人员是否安排到位，工作人员是否出现了临时变动，活动开展得是否合理衔接等。

2. 活动对象

考虑活动能否找到合适的活动参与者，参与者的参与积极性如何。

3. 时间安排

考虑活动当天的时间分配是否合理。

4. 其他方面

在节日类活动中评估可能出现的风险。
(1) 老年人及其家属不支持与不信任。
(2) 联系不到个别老年人家属。
(3) 老年人在活动现场出现情绪失控的情况。
(4) 老年人在活动途中身体出现不适，如突然晕倒等。

(二) 风险鉴别

突发事件的风险鉴别可以使用以下方法。

1. 工作分解

将工作分解到每个部门、每个责任人，使风险分摊，并且对活动的每个环节进行风险鉴别。

2. 做测试性的活动

做测试性的活动可以对每个环节进行检查和验证，避免在活动现场出现无法解决的问题。尤其是在大型的体育赛事的运营中，如奥林匹克运动会，经常采用在主要赛事之前试运行一些小型比赛的方法来测试举办比赛的场地、设备和其他资源等，这有利于提前发现问题，防微杜渐。另外，这也是一次自己组织的彩排活动。

3. 兵棋推演和模拟决策

兵棋推演和模拟决策可以模拟可能出现的风险并准备好解决问题的办法。

4. 循错法

首先找到一旦风险发生可能产生的后果，然后倒推，寻找可能引起这一风险的原因。比如在某次活动中，票可能卖不出去，这是一个很可怕的后果。借助循错法，我们可以找

到可能导致某种后果的原因，从而在现实操作中规避风险。

5. 咨询

咨询有关专家或行业精英人士，为本次活动可能出现的风险做好提前规避的准备。

（三）解决方案

突发事件能否很好地解决，关系着活动能否顺利开展。我们可以从以下四个方面思考解决突发事件的方法。

1. 活动组织

在活动组织方面，确保每个板块都有专门的负责人，以保证活动的顺利开展。

2. 活动对象

在活动对象方面，要做好前期的宣传、动员工作，并与老年人建立信任关系。

3. 时间安排

在时间安排方面，充分利用有效时间，做好协调、沟通与配合工作，合理安排时间。

4. 其他方面

在其他方面，前期和老年人多沟通交流；对于无法联系家属的老年人，应注意关注他们的失落情绪并及时安抚；活动时医护人员全程陪护，确保老年人的人身安全。

知识拓展

（1）突发事件的处理可以从风险评估、风险鉴别和风险解决三方面做准备。

（2）清楚"总导演"的责任并且在活动执行中始终关注各种细节。

采用什么样的方式处理突发事件更为有效呢？

任务三 活动评估

某养老院新入职的员工小张正在为高龄老年人举办茶话会活动。活动结束后，领导让小张做活动评估，小张觉得活动气氛热烈，所有老年人都非常开心，没必要再专门做活动评估。

讨论与思考：你觉得小张应该做活动评估吗？

一、活动后评估安排

（一）收官感谢

对活动参与者、嘉宾等进行酬谢，有利于维持情感，下次邀请也更容易被接受。与此同时，还要注意活动的二次宣传，充分利用活动的影响力，并考虑如何扩大影响力。我们的活动一般都是系列性的、有承接的，所以要为未来的活动做好铺垫，这样下一次活动更容易开展。

（二）"复盘"

"复盘"可以从两个方面展开，一是客观工作方面，二是主观感受方面，谈个人在活动中的感悟。通过"复盘"，客观地表现出当时是如何想的，为什么"走"这一步，是如何设计、预想接下来的几步的。在"复盘"中，活动策划各部门进行交流，对自己和对方所走的每一步的成败得失进行分析。同时提出假设：如果不这样走，还可以怎样走；怎样走，才是最佳方案。在"复盘"过程中，通过思维的碰撞，不断激发新的方案和新的思路，这样新的思维和新的理论可能在此萌发。

提示：活动评估并不是对活动的简单总结。

二、活动评估的目的

活动评估的目的主要有以下几方面。

（1）对活动的实践进行总结和评价，检查活动的预期目标是否达到，策划与管理是否有效，以提高活动组织者的能力和水平。

（2）调查和分析有效的反馈信息，确定活动参与人员是否满意，活动的主要效益指标是否达标，以增强活动利益相关者的投资信心。

（3）对活动的目的、实施过程、效益、作用和影响进行全面系统分析，从正反两方面总结经验和教训，找出成败原因，为以后的老年人活动策划和管理提供决策和管理依据。

（4）编写活动评价报告，提供翔实资料和数据给利益相关者，以提升活动形象，为塑造老年人活动品牌提供支持。

三、活动评估的方法

活动评估的方法有调查法、访问法、谈话法、问卷法等，用来收集有关资料。调查法

的主要方式包括问卷调查和谈话调查。

（一）问卷调查

问卷是调查研究中用来收集资料的常用工具，既可用来获得定量的数据，也可用来获得定性的描述，形式上是一份精心设计的问题表格。要求受访者以书面文字或符号的形式做出回答，用来测量人们的行为、态度和社会特征。

一个完整的问卷包括封面信、指导语、问题及答案、编码及其他资料等。

1. 封面信

封面信（表2-6）的作用在于向受访者介绍和说明调查的目的、调查单位或调查者的身份、调查的大概内容、调查对象的选取方法和对结果保密的措施等。在封面信中使用的语言要简明、中肯，而且篇幅不宜过长。

表2-6 封面信

问卷编号：	城市编号：
青年发展状况调查问卷	
亲爱的青年朋友： 　　您好！ 　　为了了解21世纪青年的工作和生活状况，探索青年成长和发展的有效途径，我们在全国12个城市开展了这项调查。本调查不用填写单位和姓名，大约只会耽误你15分钟，请根据实际情况填写。你的回答将代表众多与你有相同情况的青年朋友，相信你会认真完成。 　　最后，送给你一件小小的礼物，以感谢你的支持和合作！ 　　　　　　　　　　　　　　　　　　　　　全国12城市"青年发展状况"调查组 　　　　　　　　　　　　　　　　　　　　　　　　　　　2014年4月30日	

2. 指导语

用来指导受访者填答问卷的各种解释和说明，一般出现在封面信的下方，题目上方，示例如下。

指导语

（1）请在每个问题后适合自己情况的答案号码上画圈，或者在空白处填上适当的内容。

（2）问卷每页右边的数字及短横线是供计算机处理使用的，你不必填写。

（3）若无特殊说明，每个问题只能选择一个答案。

（4）填写问卷时，请不要与他人商量。

3. 问题与答案

问卷的问题可以分为开放式和封闭式问题。开放式问题是指只提出问题但不为受访者提供具体答案，由受访者根据自己的情况自由填答的问题。封闭式问题是指在提出问题的同时，还给出若干个答案，要求受访者根据实际情况进行选择。探索性调查常常采用以开放式问题构成的问卷，而大规模的正式调查则主要采用以封闭式问题构成的问卷。

封闭式问题示例：你最喜欢看哪类电视节目？
□新闻节目　□体育节目　□文艺节目　□其他节目

（二）谈话调查

谈话调查又称访谈法，是指评估主体通过与评估对象及其他有关人员进行面对面交谈、讨论，收集与评估有关的信息资料，并就评估对象的情况做出评估的一种方法。这种评估的特点在于评估者与访问者在交谈过程中互相影响、互相作用。因此，它所获得的信息更全面、更直接、更真实。谈话调查包括电话访谈和面谈。

1. 电话访谈法

电话访谈法的优点在于成本低，可以在短时间内调查多数对象，但是由于时间限制，很难在访谈过程中询问比较复杂的问题。

2. 面谈法

面谈法的优点在于访问者可以提出较多的问题，以补充个人观察的不足，在交谈中，人们可以相互启发，获取的资料往往比较真实可靠。在整个谈话过程中要保持一种轻松、和谐的气氛，并随时观察受访者，随机应变。面谈的形式可以是有组织的座谈、专访，也可以是随机的采访，征求受访者对活动的意见和评价。

> **知识拓展**
> （1）电话访谈法调查成本较低，调查范围更广。
> （2）在拟订问卷调查题目时，注意问题的选项要符合穷尽性与互斥性原则。

（1）问卷调查中的指导语有什么作用？
（2）什么是面谈？

（三）总结述职

老年人活动结束后，要求每个工作人员完成总结述职，不论是提交的书面材料，还是口头汇报的情况总结，都属于活动评价的内容。

> **知识拓展**
> （1）总结述职不同于一般的工作述职，述职重点在于活动的达成度与对活动改进的思考。
> （2）总结述职要对活动中暴露出来的缺点提出改进建议。

四、活动评估的内容

（一）评估人员

1. 聘请评估机构

为了保证评估的客观性和科学性，应聘请专业机构对活动效益等进行评估，从第三方的角度论证，以避免出现偏颇。

2. 参与活动的老年人

参与活动的老年人是活动评估的重要调查对象。

3. 活动组织者及所有工作人员

活动组织者及所有工作人员参加了整个活动，亲身经历了从策划到执行的全过程，对活动的整体情况最有发言权。

4. 赞助商

从赞助商实施赞助的出发点来看，他们是为了提高产品的知名度，改善企业形象，增加产品的销量而提供支持的。他们对活动进行评估，关注的重点是活动有没有达到预期的赞助目标。

（二）评估时机

活动评估是活动后续管理中的重要组成部分，不能在活动结束后若干年才开展，活动评估具有一定的时效性。所以，评估时机应选在活动完成后立即或短期内进行，有的活动由若干活动组成，整体持续时间较长，可以分阶段进行评估。

（三）评估的内容

老年人活动评估的内容主要包括两个方面：从组织者角度出发对老年人活动的评估与指导和从老年参与者角度出发对活动参与的有效性的评估。

1. 对老年参与者的评估

对老年参与者活动状态的关注主要涉及四个方面：情绪状态、注意状态、参与状态和交往状态。因此，评估可从以下几个方面进行。

（1）老年人对活动的参与度。

主要评估在活动过程中老年人注意力的集中程度，以及在活动中的积极性、自主性、能动性程度等。

（2）老年人的情感态度。

主要评估老年人在活动过程中的情绪状态，包括他们在活动中表现出来的态度、情感和动作等。

(3) 老年人在活动中的互动程度。

主要涉及对老年人在活动过程中与他人互动交流状况的评估，包括在活动中与他人的合作交流、互动次数、互动形式以及有效性等。

(4) 老年人在活动中的能力。

主要评估活动中老年人在能力展示水平上的反应，包括活动中的语言表达能力，如是否敢于答题；经验迁移、分析判断等能力；动手能力以及创造性表达等能力。

2. 对工作人员、活动安排和活动场所的评估

(1) 工作人员。

①工作人员对老年人的态度。

②人手的安排是否恰当。

③工作人员是否清楚自己的工作安排及职责。

④在活动过程中，工作人员的表现及合作情况如何。

⑤工作人员事前准备工作是否充分。

⑥主持人的气质、风格、形象是否与活动相得益彰。

⑦主持人是否对老年人有吸引力。

⑧主持人表达得是否清楚等。

(2) 活动安排。

①活动安排是否紧密围绕活动的主题。

②各个组成部分先后顺序是否恰当。

③活动程序是否如期进行。

④活动程序出现了哪些预期之外的后果等。

(3) 活动场所。

①活动场所的音乐是否悦耳。

②音响设备是否出现故障。

③活动场地布置是否符合主题。

④活动场所的温度、湿度、光线如何。

⑤活动场所指引标志是否醒目、美观。

⑥活动场所是否受到外部噪声的干扰等。

3. 对资金投入和效果的评估

(1) 广告投入的数量和金额。

(2) 宣传促销的方式和效率。

(3) 现场购票的观众数量。

(4) 活动为赞助者带来的收益等。

4. 其他方面的评估

(1) 活动过程中曾遇到哪些困难，将如何避免或解决。

(2) 如何增加活动的正面效果，减少负面效果。

(3) 活动过程疏忽了哪些重要的事情。

（4）不同的人对活动程序的进展情况抱有什么不同的观点等。

> **知识拓展**
>
> （1）评估内容所涉及的范围要广一些，但评估项目一定是对活动有影响的因素。
> （2）可以按照活动的前期、中期、后期三个阶段进行评估。

（四）评估案例

1. 背景

农历五月初五是中国传统节日端午节，有绘彩蛋的习俗，因为五彩斑斓的彩蛋寓意新生活圆圆满满。某养老院将"DIY 彩绘"作为端午节活动的主题，以绘画形式锻炼老年人的思维能力和动手能力，并邀请老年人及其家属携手共度佳节，体验自由创作的快乐。

2. 活动流程

"DIY 彩绘"端午节活动流程见表 2-7。

表 2-7　"DIY 彩绘"端午节活动流程

阶段	内容及时间	物资清单	人员配备	总时长/分钟
第一阶段	9：00—9：05 主持人进行开场讲解并介绍到场的院领导 9：05—9：15 音乐照顾带动现场气氛 9：15—9：20 介绍活动目的、流程	1. 话筒 2 个 2. 主持稿 3. 音响 4. 音乐照顾歌曲	1. 主持人 2 名 2. 志愿者若干人	20
第二阶段	9：20—9：25 发放水彩笔 9：25—9：30 介绍彩绘方式、展示成品 9：30—10：10 志愿者协助老年人及其家属进行彩绘	1. 水彩笔 2. 鸭蛋 3. 彩绘模型若干份 4. 桌椅若干套 5. 果盘、矿泉水 6. 湿巾、纸巾	1. 志愿者分工：发放水彩笔 3 人，协助进行彩绘者若干人 2. 主持人 2 名	50
第三阶段	10：10—10：15 活动总结	主持稿	主持人 2 名	5
第四阶段	10：15—10：30 主持人宣布活动结束，志愿者护送老年人回房间，指引其家属离场	1. 主持稿 2. 指示牌	1. 志愿者：护送老年人若干人，清扫现场若干人 2. 主持人 2 名	15

3. 评估方法

表2-8～表2-11为各种工作满意度量表，按照量表研制的步骤制定量表，用于调查某养老院对"DIY彩绘"端午节活动的满意度。

指导语：非常荣幸与您一起畅游了一段快乐的时光，我们希望获得您客观坦率的评价与意见以更好地提升工作质量。本评估量表不用填写姓名，各项答案没有正误之分，只需按照现实情况在合适的答案内打"√"并在最下栏填上您对本次活动的建议或意见，谢谢！

（1）老年人对活动的评价量表（可代填）。

表2-8为老年人对活动的评价量表。

表2-8 老年人对活动的评价量表

填写日期			填写人		
老年人对活动的评价	A（非常满意）	B（满意）	C（一般）	D（不满意）	E（非常不满意）
活动前沟通					
活动主题（如您是否感兴趣，活动主题的创造性、创新性等）					
活动完成度（如活动质量、效果、完成度等）					
志愿者的服务水平（如活动志愿者的沟通方式、行为习惯、调节气氛的能力等）					
对活动的建议或意见					

（2）组员对他人工作的评价量表。

表2-9为活动各小组组员对他人工作的评价量表。

表2-9 活动各小组组员对他人工作的评价量表

填写日期			填写人		
组员对他人工作的评价	A（非常满意）	B（满意）	C（一般）	D（不满意）	E（非常不满意）
工作态度（如热情度、配合度等）					
工作能力（如完成工作的速度，能否妥善处理应急事件等）					
小组配合度（如工作的交流程度、互助程度等）					
对活动的建议或意见					

（3）机构评价量表。

表2-10为机构对活动各小组的评价量表。

表2-10　机构对活动各小组的评价量表

填写日期			填写人		
机构对活动各小组的评价	A （非常满意）	B （满意）	C （一般）	D （不满意）	E （非常不满意）
小组前期策划					
活动完成情况					
成员工作态度					
成员分工情况					

（4）个人评价量表。

表2-11为活动各小组组员个人评价量表。

表2-11　活动各小组组员个人评价量表

填写日期			填写人		
个人评价	A （非常满意）	B （满意）	C （一般）	D （不满意）	E （非常不满意）
工作态度（如热情度、配合度等）					
工作能力（如完成工作的速度，能否妥善处理应急事件等）					
个人配合（如工作的顺利程度、互助程度等）					
对活动的建议或意见					

4. 量表回收

量表发布者以先打印纸质文档再分发的形式，从样本总量中挑选20%作为样本数。量表若有漏答或不明确的，则视为废卷处理。问卷的回收率一般不应小于总量表数的70%。采用现场填写、现场收取的方式。如果有可能，可以在小范围内进行跟踪调查或访谈调查。

项目三　活动营销宣传

【知识目标】

○ 了解活动营销的基本知识。
○ 了解活动营销的理论基础。
○ 熟悉活动营销的背景。
○ 熟悉活动营销的必备素质。
○ 掌握活动营销的具体模式。
○ 掌握活动营销软文的撰写方法。

【能力目标】

◇ 能根据活动内容确定活动营销模式。
◇ 能根据活动内容撰写活动营销软文。

任务一　认识活动营销

案例导入

请问：在日常生活中，你接触过哪些形式的营销？

A同学回答：销售人员扫楼式营销，到潜在客户家里进行推销。

B同学回答：接到各式各样的推销电话。

C同学回答：在大街小巷发放宣传单。

D同学回答：某个组织通过开展活动来摆放产品展架，进行推销。

讨论与思考：你觉得A、B、C、D四位同学对活动营销的认识正确吗？

一、活动营销的定义

营销是一种创造、传播、传递客户价值的思维方式，也是一种组织职能，需要人力资源、客服、营销、财务等部门互相配合。

提示：营销并非只是推销人员的事情，也是一种组织职能。

营销并非完全是销售过程的工作，而是应该更好地为客户提供高质量的服务，创造、传播、传递价值。

营销既包括"营"，也包括"销"。"营"是一种手段，"销"则是最终目标。其中"营"包括市场研究（市场定位）、营销策划，"销"包括运营和控制。

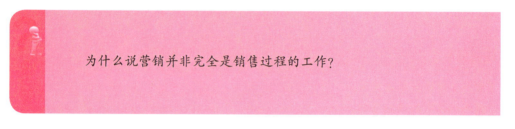

为什么说营销并非完全是销售过程的工作？

活动营销的主体（图3-1）也不仅仅限于企业，政府机构需要"营销"城市品牌，媒体机构需要"营销"节目品牌，非营利组织需要"营销"各种理念。这些都可以借助活动营销的魔力来实现品牌价值倍增的目的。本项目探讨的活动营销是指活动运营者如何对活动本身进行营销和管理，既是活动的营销，也涉及活动主办方、赞助方、运营方如何借助活动平台对自身产品、理念、品牌进行营销。

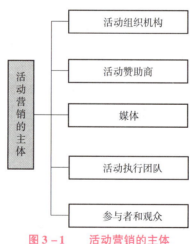

图3-1　活动营销的主体

活动营销是活动主办方有明确的诉求，其以活动为核心载体，经过充分的市场研究、创意策划、沟通执行等一系列科学流程，并通过整合相关社会资源、媒体资源、受众资源、赞助商资源等构建的一个全方位的内容平台、营销平台、传播平台，最终为活动主办方及活动参与各方带来一定社会效益和经济效益的一种新型营销模式。

> **知识拓展**
>
> 活动组织机构可分为主办单位、承办单位和协办单位。
> (1) 主办单位主要负责对活动的指导、协调、把关。
> (2) 承办单位负责活动的具体策划与组织实施工作,将主办单位的理念和精神落到实处。
> (3) 协办单位是提供相应帮助的单位。
> 简言之,主办单位是领导;协办单位是其他单位;承办单位就是办事员,负责完成所有工作。

(1) 活动赞助商与活动组织机构和活动的关系是什么?
(2) 媒体在活动营销中扮演什么角色?

人们经常讨论的一些成功的活动,如巴西狂欢节、戛纳电影节、美国职业篮球联赛(NBA)等。这些活动究竟有哪些共同点?什么样的活动才算是一个成功的活动?衡量一个活动是否成功究竟有哪些标准?一个好的活动营销能够"构建一场愉悦的对话""带来一个热议的话题""营造一段难忘的体验""给予一个分享的理由""激发一种品牌的认同",并以此来建立、深化、维持一种真实的情感联系。这样的情感经营是传统营销无法培养和企及的。当品牌与它的消费者形成一种真实的、情感的联系,其他竞争者将难以效仿和超越它,这就是竞争优势,就是一个成功的活动营销。

一个成功的活动营销应具备六大要素:吸引力、关联性、传播力、互动性、执行力、整合度。

(一) 吸引力

若要完成一次成功的活动营销,首先要从活动受众出发,制造活动的吸引力。如果一场活动能够吸引人们的广泛关注,媒体能够免费宣传,这肯定是一场成功的营销活动。营销活动的吸引力可以通过设置活动悬念、加大活动奖励力度、使用新媒体和新技术、加强活动的趣味性等方式来制造。

(二) 关联性

关联性是指所举办的活动应当和举办活动的主体具有一致性,人们通过这个活动可以想到活动主体,而通过活动主体也能想到活动。关联性是借助活动营销的关键点。例如,我们不可能在一个缺水的干旱城市举办泼水节,这种关联性是活动营销必备的要素。

(三) 传播力

传播力由话题性和延续性组成。活动营销的话题性是指受众参与、影响事态发展或是受众对事态发表自己的看法，引起讨论等。信息技术的发展使受众的参与成本几乎为零，这也使营销者具有更多、更广的施展空间。

（四）互动性

互动是吸引大众参与的最有效利器。在活动营销中，互动得越充分、越到位、越巧妙，活动气氛就越好，活动效果也就越大。活动营销通过主办方、参与者、媒体等多方互动，可以实现商业品牌的巧妙植入。

（五）执行力

执行力是指贯彻战略意图，即完成预定目标的操作能力。它是企业竞争力的核心，是把企业战略、规划转化成为效益、成果的关键。任何好的活动创意都需要专业的团队在实践中执行到位。一次成功的活动营销，不仅需要好的创意与策划，更需要扎实到位的执行。一流的创意策划可能因为三流的执行最终使整体效果大打折扣；而三流的创意策划，如果配合完美的执行，活动仍旧可以圆满成功。

（六）整合度

成功的活动营销可以跨媒介整合资源，将物流、会展、媒体、运营商、观众、供应商等整合在一起，形成集中效应。

以活动为核心的整合营销平台深受企业欢迎。各类推广和营销活动凭借价格优势和良好的效果让更多的企业青睐。以活动为核心的整合营销平台有强大的优势，一方面，其范围和适用性更广，可以遍布全国各个城市并可出现在闹市区、机场、校园、社区等各种地点；另一方面，这种平台的互动性更强，消费者能得到更加丰富、全面、多样化的体验方式，使线上、线下活动在终端有机结合。

二、活动营销的背景

（一）互联网与智能终端突飞猛进，催生营销新拐点

随着无线网络的全面覆盖和智能手机普及，老年群体也成为智能手机的使用者。随之而来的是移动互联网市场规模的不断扩大，如图3-2所示。

（二）传统媒体加速衰退，主动融合求变

网络信息技术和数字技术的飞速发展，大数据、云计算等新一代信息技术的广泛应用，带来了媒体传播格局的深刻变革。大数据在媒体传播中的广泛运用，极大地改变了信息生产和传播方式。互联网（特别是微博、微信等新兴媒体）重新定义了人们获取信息的方式和舆论生成的方式，成为影响社会舆论的重要力量，正在深刻改变着媒体格局和舆论生态环境。

现在，传统媒体开始充分利用内容生产优势，打破传统生产模式，不断推动内容创

图 3-2 2012—2018 年中国移动互联网市场规模

新。比如根据自身定位，瞄准特定受众群体，对内容的外在形态、组织方式、运营思维、生产机制等进行组合创新。传统媒体通过推进媒体深度融合，把自身的品牌价值向新媒体领域平移、拓展和强化，不断取得新成效。

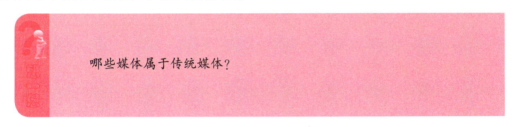

哪些媒体属于传统媒体？

（三）人们行为习惯悄然变化

伴随网络信息技术的发展，人们的行为习惯正在发生如下变化。

1. 对手机依赖性变强

在移动互联网时代，智能手机对日常生活的介入越来越深，与人们的紧密性也越来越强。

2. 信息获取需求上升

一方面，生活节奏的加快，使人们的时间呈碎片化状态分布；另一方面，自媒体时代的信息纷繁复杂，错综交织。

3. 实时需要移动社交

移动互联网改变了人们的沟通方式和信息传播渠道，用户开始随时随地地创作并分享内容，网络逐渐服务于个人的现实生活。

4. 移动娱乐深入应用

移动娱乐在发展前景上保持着更强健的势头，移动娱乐应用内容的体系化梳理将带动移动娱乐营收端的快速发展；原有移动娱乐的内容新产品化包装，将带动传统娱乐内容的

激变，带来移动娱乐市场的快速发展，带动移动娱乐的商业价值凸显。

5. 移动消费支付频繁

伴随智能手机的普及，移动消费支付成为一大主流趋势。

综上，移动互联网时代下的活动营销实质上是移动新媒体的活动营销。

移动互联网时代下的活动营销是基于互联网技术、通信技术等新的信息传播技术，利用移动新媒体等向目标受众定向和精准地传递个性化营销信息，通过与现实消费者、潜在消费者的互动来实现活动营销目标的行为。

移动互联网时代下的活动营销的必备要素包括内容、技术、媒体、精准性、互动性，即通过植入软性内容来增加活动的趣味性和参与度，激发相关主体的情感共鸣。

> **知识拓展**
>
> **移动新媒体三大阵营**
>
> **1. 第一阵营**
>
> 包括微信公众平台和新浪微博平台。这两类平台是各大企业都需要深耕的新媒体平台。
>
> **2. 第二阵营**
>
> 包括直播平台、视频平台、音频平台。娱乐化与多媒体化是营销推广的热门趋势，这三类新媒体平台是企业的占位和强化阵地。
>
> **3. 第三阵营**
>
> 包括除微信、微博之外的自媒体平台、论坛平台等。这些平台上的流量同样不容小觑。

移动新媒体将会引发活动营销在哪些方面的变革？

三、活动营销的变革

（一）新的市场目标

通过移动新媒体，企业可以开展多平台的活动营销互动，一部分消费者可以通过新媒体平台影响另一部分消费者。通过新媒体营销，消费者成为营销的主体和核心，将市场真正带入用户为王、全民营销的时代。

（二）新的营销目标

移动新媒体使活动营销不再是单纯通过广告宣传某项活动，而是通过内容营销、互联网话题造势等多种渠道,将品牌传播与销售协同合一,做到了"生活即是营销""产品即是场景",真正提升活动营销的效率。

(三) 新的传播方式

移动新媒体改变了过去单向传播的模式,创造了传播者和接受者之间随时随地双向传播的模式,增加了开创性与参与性。

(四) 新的技术驱动

移动新媒体通过大数据、移动定位、人脸识别等技术,强化了人与人、人与物、人与外界的联系,提高了活动与目标人群之间的匹配度,进而实现精准营销,保障活动的精准性。

知识拓展

传统营销抢夺的是"渠道和地盘",谁能打通产销渠道、布下更多的销售网点,谁就可以称"霸"市场;互联网争夺的是"流量和入口",谁能占据更多的流量和入口,谁就能凭借"流量和入口"称"王";移动互联网争夺的是场景,谁能了解场景、谁能占据场景,谁就能赢得未来。

移动新媒体下的活动营销给普通大众带来的是什么?

任务二　活动营销的方法

案例导入

活动营销首先需要做什么?ABC 三位同学围绕该问题进行了讨论。
A 同学回答:首先需要梳理现在的资源,看哪些资源用得上。
B 同学回答:首先需要做策划,策划完成了,活动也就好开展了。
C 同学回答:首先进行人员分配,合理分工,让大家相互合作。

讨论与思考：你觉得活动营销首先应该做什么？其意义何在？

一、活动营销策划

活动营销策划是活动组织机构对将要发生的活动营销行为进行规划，以提供一套系统的有关活动营销的未来方案，这套方案围绕企业实现活动营销的目标、解决活动营销过程中的问题的具体行动措施。

（一）活动策划与活动营销策划之间的关系

1. 活动策划与活动营销策划之间的联系

一场好的活动策划少不了活动营销，活动营销的效果越好越有助于活动策划取得附加的成功。

2. 活动策划与活动营销策划之间的区别

（1）内涵不同。

活动策划的概念要比活动营销策划的概念宽泛，活动营销策划只是活动策划的一个方面，因为很多活动可能与营销无关。

（2）策划者不同。

活动营销策划者必须是专业的营销工作者，熟悉营销的相关知识；而活动策划人并不一定是专业的营销工作者，只要对开展的活动有一定程度的了解，便可以进行策划。

（3）活动面向的对象不同。

活动营销策划的对象一般是消费者，而活动策划的对象非常多样，可以是消费者，也可以是其他群体。

（二）活动营销策划的目标

活动营销策划的目标包括以下几点。

（1）引起消费者注意。
（2）让消费者记住活动。
（3）刺激消费者产生参加活动的欲望。
（4）让消费者参加活动。
（5）让消费者持续参加活动。

活动营销策划的各目标之间有什么联系？

(三) 活动营销策划的依据

从营销来看，消费者的本质是需求。根据马斯洛需求理论来看，消费者目标在于使其不同层次的需求都能得到不同程度的满足。举办活动的本质是效用，即最大限度地满足活动相关主体的效用。

因此，活动营销策划的主要依据在于建立消费者需求与活动的关联，增强活动的针对性，满足消费者的需求，实现双赢。

> **知识拓展**
>
> **马斯洛需求层次理论**
>
> 马斯洛将人的需求分为生理需求、安全需求、社交需求、尊重需求、自我实现需求五种。每个人都潜藏着这五种不同层次的需求，但在不同的时期表现出来的各种需求的迫切程度是不同的。人的最迫切的需求才是激励人行动的主要原因和动力。人的需求是从外部得来的满足逐渐向内在得到的满足转化。
>
> 生理需求和安全需求对应于核心效用。社交需求对应于形式效用。尊重需求和自我实现需求则对应于附加效用。

二、活动营销的具体模式

在移动互联网背景下，活动营销包括以下九种基本模式。

（一）病毒营销

病毒营销（又称病毒式营销、病毒性营销、基因营销或核爆式营销），是利用公众的积极性和人际网络，让营销信息像病毒一样传播和扩散，营销信息被快速复制传向数以万计、数以百万计的受众。它能够像病毒一样深入人脑，快速复制，迅速传播，在短时间内将信息传给更多的受众。

案例介绍：《啥是佩奇》

《啥是佩奇》是张大鹏执导的贺岁电影《小猪佩奇过大年》的先导片，时长5分40秒。该短片讲述了李玉宝为孙子在全村寻找"佩奇"的故事，拍摄地点是河北张家口怀来县的一个村庄。片中的李玉宝大爷就是当地的一位村民，完全由普通人出演。2019年1月17日，该片播出后迅速传播开来。

人民网这样评价《啥是佩奇》："长辈或许不懂你，但永远是你最坚强的后盾。"啥是佩奇的问题并不重要，重要的是回归亲情和拥抱亲情。但啥是佩奇的问题也很重要，因为对牵挂孙子的爷爷而言，这可能就是生活的全部意义。正如导演张大鹏在接受采访时说的，影片"所表达的核心价值观是一样的，就是温暖、团聚"。无论故乡在哪里，总有一双手在为子女的归来而操劳，总有一段思念在为亲情重逢而守候。正是由于具有了这一中国所特有的情感共鸣，视频一经发布就戳中了无数人的感性神经。

（二）事件营销

事件营销，是企业通过策划、组织和利用具有新闻价值、社会影响以及名人效应的人物或事件，吸引媒体、社会团体和消费者的兴趣与关注，以期提高企业或产品的知名度、美誉度，树立良好品牌形象，并最终促成产品或服务销售目的的手段和方式。

事件营销的特性有针对性、主动性、趣味性等。

1. 针对性

从某种意义上说，事件营销就是在每个时间段最热门的事件上捕捉商机，然后利用该事件产生新的创意，创造与该事件完全相关的事件。除此之外，还有另一种方式，就是自创事件，然后进行有针对性的营销。

2. 主动性

事件营销的营销者需具有充分的主动权和敏感度，要善于发现事件。

3. 趣味性

大千世界纷繁复杂，不可能每个事件都成为热点。如果事件具有一定的可观性和趣味性，且符合社会热点和潮流，就可以作为事件营销的素材加以利用。

事件营销的优势在于成本较低，目标明确，可以马上引导目标群体，快速达到期望值。

（三）口碑营销

口碑营销，是企业采取一系列有效的措施和手段，可以引发消费者对其产品、服务以及整体形象的认可，使消费者通过与亲朋好友之间的交流将产品信息、品牌传播开来。这种营销方式的特点是成功率高、可信度强。口碑营销的关键在于引发消费者的主动营销。

（四）饥饿营销

饥饿营销，是产品提供者有意调低产量，以期达到供不应求的"假象"，以维护产品形象并维持商品较高售价和利润率的营销策略。在市场竞争不充分、消费者心态不够成熟、产品综合竞争力和不可替代性较强的情况下，"饥饿营销"才能较好地发挥作用。一般情况下，饥饿营销比较适合一些单价较高，不容易出现"单个产品重复购买"行为的行业。

（五）知识营销

知识营销，是通过有效的知识传播方法和途径，将相关知识传递给潜在消费者，并逐渐形成对企业、活动、产品的认知，使潜在消费者最终转化为消费者的过程和各种营销行为。

知识营销的应用十分广泛，营销者不仅要宣传活动或产品的用途和优点，还要引导消费者的生活方式与消费理念，从而实现活动营销的目的。

（六）互动营销

互动的双方，一方是消费者，一方是企业。移动新媒体推动了企业和消费者之间的双向沟通，互动营销通过抓住共同利益点，找到巧妙的沟通时机和方法才能将企业和消费者紧密结合起来，以促进消费者的持续关注，建立消费者的忠诚度。

（七）情感营销

情感营销，是从消费者的情感需要出发，唤醒和激起消费者的情感需求，诱导消费者产生心灵上的共鸣，寓情感于营销之中，让有情的营销赢得无情的竞争。

在情感消费时代，消费者购买产品看重的已不是数量的多少、质量的好坏以及价格的高低，而是看重了情感上的满足和心理上的认同。

（八）会员营销

会员营销，是一门精准的营销，通过将普通消费者转化为会员，分析会员信息，挖掘会员的潜在消费影响力，汲取终身消费价值，并通过消费者转介绍等方式，让一个消费者实现价值最大化。

（九）社群营销

社群营销，是基于圈子、人脉、六度空间概念而产生的营销模式。消费者基于相同的兴趣爱好聚集在一起；同时，企业通过某种形式聚集人气，满足群体的产品或服务需求。

> **知识拓展**
>
> 病毒营销、事件营销因影响范围广，更能抓住消费者的注意力，帮助消费者快速建立对活动、产品、品牌的印象，所以适用于品牌的前期宣传。
>
> 情感营销、知识营销、会员营销、互动营销、饥饿营销、口碑营销更多用于品牌的中后期宣传。
>
> 初步建立知名度后，情感营销引发消费者的共鸣；知识营销、口碑营销增加消费者的认可度；社群营销、互动营销、会员营销则增加了消费者与品牌的关联度。

在日常生活中，你接触过哪些营销模式？

任务三 活动营销的软文撰写

案例导入

过去几十年，人们对酒文化的形象塑造主要集中在两个字：高档；而根植于重庆传统酿造工艺的纯高粱新生代品牌江小白，则凭借对消费情绪的深度挖掘，用直达人心的文案表达，为中国酒类品牌带来了新的生命与活力。江小白开创小而美、小营销的模式，定位年轻群体，并运用互联网思维经营品牌，因为大众对品牌的感知奠定了品牌在大众心中的印象。"文艺青年""青春小酒"等就是"江小白"的品牌烙印。

多年来，江小白瓶身文案已经成为一道独特的风景线。

"跟重要的人才谈人生。"

"低质量的社交，不如高质量的独处。"

"手机里的人已坐在对面，你怎么还盯着屏幕看。"

"我是江小白，生活很简单。"

"一个人喝酒不是孤独，喝了酒想一个人才是孤独。"

"兄弟间的约酒聚会，应该无关应酬和勾兑。"

讨论与思考：江小白的文案有哪些特点？其文案为什么能引起青年群体的共鸣？

活动营销常会涉及营销文案，需要通过软文来帮助活动扩大影响力。随着互联网的发展，现在网络推广的方式越来越多样化，但最基本、最广泛的还是软文营销。企业通过软文营销能迅速、低成本地提高企业和产品的形象、知名度以及公信力。可以说软文营销是一种既节约经济成本又节省时间成本的营销方法。

一、宣传文案写作策略

活动策划需要活动营销推广，而在活动营销前、营销过程中及活动营销后，都少不了宣传文案。掌握一定的宣传文案写作技巧将有助于提升活动营销的效果。

（一）营销文案的写作特点

营销文案常被称为软文，从最基本的构成和功用方面来看，它具有以下几个显著特点。

1. 新

新主要针对新闻性软文而言，如公司开张、上市、收购，新产品发布等。这种软文要求有很高的时效性，及时报道才能及时传播扩散，也可以在短时间内提升企业形象。

2. 准

任何一篇文章都要有主题，而软文短小精悍，更要求准。所谓准，即作者在写作之初一定要明确写软文的目的，面向的受众群体，确定软文的开头以及定位软文的诱惑点。确定以上要素后，在着笔写时，作者要注意行文，即在保持软文精彩度的同时，还要保证软文的真实性，不确定、没把握的不要写，更不要为了营造某种气氛而夸大其词、歪曲事实。

3. 快

说到快，可能很多人会觉得软文是速成品。速成品是软文的一个误区，也是一种偷工减料的现象。这里所说的快是指一篇成功的软文传播速度快，容易引发转载。若要达到这样的效果，就要求作者有足够的行业经验，只有对软文所宣传的内容非常精通，写起来才会得心应手，能够一针见血地写出受众的心声。

> **知识拓展**
>
> 在移动互联网时代，营销文案写作的主流特征是重视标题的吸引力，多图少文的较低阅读量，娓娓道来的故事，或是互动参与性很强的营销内容，这样可以充分满足受众的好奇心和获取信息的便捷性为宗旨。在移动互联网时代，营销文案的写作环境发生了以下变化：
> (1) 从单一发声到人人自媒体。
> (2) 从通过传统渠道投放到通过移动互联网媒体投放。
> (3) 从语言规范到时尚多元。

你认为应该如何权衡营销文案的新、准、快？

（二）软文营销的传播要素

1. 要素一：好的标题

好的标题就是一篇软文的亮点之一，即现在人们常说的"标题党"。使用好的标题能够在第一瞬间吸引受众的注意力，因此在宣传中常常备受青睐。

不过要注意的是，如果文不对题，那么就是纯粹的"标题党"。只有好标题而没有好内容，会让受众反感，他们会感觉受了欺骗，会影响企业的形象，不利于企业的长远发展。

2. 要素二：内容真实

好的标题能带来流量，好的内容则能展示活动策划方的形象，给受众留下好印象。例如，旅居公司、养老机构、老年俱乐部等在举办活动时，要涉及活动前、活动过程中、活动结束后的宣传。如果宣传内容图文并茂，饱含作者和参与者的真情实感，将活动真实生动地展示出来，那么受众将会对该企业产生信任，从而愿意经常参加活动或者带亲朋好友来参加活动。

3. 要素三：主动传播

主动传播是宣传文案的理想境界，也是很难达到的状态。通过好的宣传文案，将宣传活动与企业的文化理念、服务特色巧妙地结合在一起，让受众看完文章就想点击链接进行转载分享或口碑宣传。

你认为应该怎样评价"标题党"？

（三）微信软文的写作要点

营销者通过文字形式（即软文的形式）传播信息并推广企业和产品，从而实现营销的目的。相比于微博营销，微信营销也具有自身的特点，需要掌握一定的技巧才能写好微信上的营销软文。

1. 微信软文的开头方式

事实上，微信软文的写作并不难，但确定内容后，营销者还应关注文章的结构，在软文写作过程中，可以借鉴如下几种方式写作。

（1）开门见山。

直奔主题，直接引出文中的主要任务或故事主线，又或者直接点明主旨、说明目的。这种开头一般能更快地表明作者态度，但并不意味着像硬广告一样，以明显的广告目的切入文章。这样只会让读者失去阅读的兴趣，也失去了微信营销的目的，与传统的广告营销并无区别。

（2）情境导入。

这种方式是指在文章开头有目的地利用一定的气氛、情境来营造软文的目的，同时也带动读者的情感体验，引起读者的阅读兴趣。利用这种方法，可以通过渲染气氛、预热主题更好地实现情境导入的效果。以评论为形式的软文仅需要将评论的事进行简单描述即可，切忌篇幅过长。

（3）引经据典。

这种方式主要是指在文章开头，通过精心设计一个短小、精练、扣题且意味深长的句子或短语，凸显文章主旨和思想感情。这里的经典，并非限于历史上的名人轶事、警世名言等，也可以是自己独立创作的句子、短语。注意，这些内容必须具有较高的可读性，并且通过这样的句子可以引出相关论述，才能让软文富有哲理。

(4) 巧用修辞。

这种方式是指在软文的写作过程中，利用比喻、比拟、借代等修辞手法，在保证文章凝练深刻的同时，还要保证文章具有一定的文采和趣味性。软文并非专业论述，所以不能通篇长篇大论，不然可能会引起受众的反感，甚至起到消极作用。因此，必须将软文写得生动、易读，这样才能引人入胜。

2. 微信软文的结尾方式

既然有了好的开头，必然要有一个好的结尾，否则难免有虎头蛇尾之嫌。常见的结尾方式通常有九种。

(1) 自然式。

自然式是指在软文内容完全表达之后，不需要进行过多描述，顺其自然地结束。这种方式通常被用于分享类软文的写作中，并以事情终结作为结尾，显得自然真实。

(2) 首尾呼应式。

首尾呼应式是指通过前后辉映加强软文的观点，并进行分析论证。这种方式多用于议论性的软文，如产品介绍等，能够使软文结构更完整，使软文浑然一体，吸引受众关注。

(3) 点题式。

点题式是指通篇软文并未说明目的，在结尾的时候点明目的。作者可以在软文结尾处放入网址或者重要说明，以起到卒章显志、画龙点睛的作用。这种结尾方式，可以引起受众的思考，提升软文的格调，从而为受众留下深刻的印象。

(4) 名言警句式。

名言警句式是指通过引用名言、警句或者诗文等，增强软文意境，揭示人生真谛。这种结尾方式往往用三言两语就可以简洁、深刻地表达哲理性或警示性的内容，能让受众的印象更加深刻，从而让软文的影响更加持久。

(5) 抒情议论式。

抒情议论式是指利用抒情的方式来表达作者的内心真情，因为只有内容真实才能让人感动，才能说服别人。这种手法可以激起受众的感慨，进而引起共鸣。这种方式被普遍运用于各种软文当中，是一种常用的结尾方式。

(6) 余味无穷式。

余味无穷式是指在软文结尾处留白，受众阅读后能发挥想象进行适当补白甚至续写。这样做可以让软文的传播范围随着受众的增加而不断扩大，从而起到更好的推广作用。

(7) 请求号召式。

请求号召式是指以要求或者号召的方式来表达情感，引发受众的认同。

(8) 联想式。

联想式是指在软文结尾处展开联想，引出最终观点，起到在吸引受众关注的同时将推广的企业和产品潜移默化地移入受众脑中的作用。

(9) 祝福式。

祝福式通常是指以对推广企业和产品的祝福结尾，从而起到加强印象的作用，如"愿

××品牌在×道路上一帆风顺！"

请任意选取并分析某微信公众号中的某篇推文，指出其中的优劣。

3. 微信软文在写作过程中还需要注意的问题

（1）必须合法，言语措辞应保证准确性，相关链接地址不能是国家禁止访问的网址。

（2）要保证自身的可读性，这一点是软文写作的关键。如果软文没有可读性，也就意味着其推广目的将无法达到。

（3）禁止抄袭或伪原创。

二、营销文案的推广模式

在互联网、自媒体、全媒体迅速发展的过程中，选择一个好的传播渠道至关重要。

（一）新闻中的软文营销推广

新闻营销主要通过新闻的形式和手法，对企业品牌内涵、产品机理、利益承诺等进行多角度、多层面的诠释，传播行业资讯，引领消费时尚，进而影响消费者的购买行为。事实上，这种模式非常有利于引导市场消费，能更快提升产品的知名度，从而塑造品牌的信誉并增加说服力。

知识拓展

新闻营销的特征

1. 隐蔽性

这种营销方式通过新闻形式进行包装，普通消费者很难分辨其中的广告目的。这种营销方式非但不会引起消费者的反感，反而会受到消费者的欢迎。

2. 权威性

这也是新闻媒体自身的一个主要特征，企业可以借助新闻媒体的这一特征来增加企业和产品的说服力。

3. 客观性

新闻必须站在客观的角度进行报道与分析，因此必然具备客观性。通过新闻的手法做产品推广，消费者也会选择信任其内容并接受该信息。

4. 传播性

作为传播效果最好的工具平台，尤其是在互联网出现后，新闻媒体的传播力度逐渐扩大。如果企业通过新闻媒体平台进行宣传，广告信息也会被无限传播。

（二）微信营销推广

微信营销是通过公共平台发布信息，进行网络营销的一种方式。营销者要想更好地完成营销，还需要从更多细节着手。例如，一定要掌握好某些"四两拨千斤"的小技巧。

1. 标题

文章标题虽然区区十余字，但却不容忽视，因为其中蕴藏着很大的学问。

标题一定要具有很强的吸引力，如果不能激起受众点击的欲望，即使正文内容写得再好，也不会产生任何好效果。营销者要从文章内容中挖掘亮点，利用更能吸引受众的词语激起受众阅读的欲望。

2. 排版

文章必须要保证排版的正确性。在实际工作中，很多人往往会忽视这一点，从而导致营销的推广效果不尽如人意。首先，如果文章排版很差将会影响受众的阅读体验；其次，如果文章排版很差将会增加编辑的工作量，从而影响其工作效率；最后，如果文章排版很差将会影响文章的转载率。

3. 广告的植入

在营销者撰写软文的过程中，不能一味地将其作为广告来写，而应该彻底抛弃"软文"二字。在这方面，可以借鉴影视剧中的广告植入。营销者可以把产品和内容有机结合起来，这样可以让广告部分也具有一定的可读性。

> **知识拓展**
>
> 常见的广告植入方法主要包括将企业信息以案例的形式，在文章需要举例的时候展现出来；让企业的工作人员以专家顾问的身份出现；以保留版权信息的方式植入广告等。

4. 系列软文

软文应该以系列文章的形式出现，从而增强营销的效果。营销者最好是写系列软文进行集团式进攻。系列软文相互之间必须存在一定的联系，否则只能说是文章数量多的软文，并不能称之为系列软文。

5. 与其他工具相结合

每种推广方法都是与其他工具共存的，软文也不例外。正如 QQ 群一样，应该将其作为一个非常好的辅助工具使用。在条件允许的情况下，建立大量相关用户 QQ 群，适时进行软文推广，以积累更多的客户资源。一旦 QQ 群的数量达到一定程度，就会发生质变。现实中，有些企业就通过这种方式积累了近百个 QQ 群，取得了较好的宣传效果的。

6. 谨慎选择发布平台

有了优质的软文后，接下来就是发布环节了。因为发布环节直接影响传播的效果，所以营销者必须谨慎对待。

> **知识拓展**
>
> 发布平台的选择
>
> **1. 选择内容源网站**
>
> 内容源网站是指内容来源的网站,比如当一篇文章发布到新浪网后,如果被其他网站转载,新浪网就被称为内容源网站。由此看来,如果营销者能把软文发布到内容源网站上,就可能被许多网站主动转载,从而增加传播的机会和关注度。
>
> **2. 扩大发布范围**
>
> 扩大发布范围是指在任何相关的网站、有用户的网站上多多发布。
>
> **3. 积累发布渠道**
>
> 营销者应该在工作的同时不断积累和维护发布渠道,特别要注意维护与这些网站工作人员之间的关系。

三、活动策划中的宣传文案

(一)撰写老年人活动海报

1. 标题

(1)标题的位置可根据排版设计随意摆放。

(2)将内容作为标题,如"某某活动"。

(3)将文章种类作为标题,如直接写上"海报"二字作为标题。

(4)将主办单位的名称作为标题,如"幸福老年人福利院"活动的海报,就可写成"幸福老年人海报"。总之,标题要尽量引起人们对活动内容的兴趣。

2. 正文

海报的正文要用简洁的文字写清楚活动内容、时间、地点、参加办法等。

(1)一段式。内容简单的通常只用三言两语,一段成文。例如,"×月×日下午×点,我院中老年运动队和×养老院中老年运动队在×地进行友谊比赛,欢迎踊跃参加。"

(2)项目排列式。内容稍多的可分项目,分项排列成文。

例如,"欢欣鼓舞过春节,欢歌笑语送爱心"春节活动的内容有:"干干净净迎新春"(腊月二十六到腊月二十八)、"欢欢喜喜送祝福"(腊月二十九到腊月三十)、"恭恭敬敬拜大年"(正月初三到正月初四)、"快快乐乐秀才艺"(正月十五)。

(3)附加标语式。有的海报在正文首或正文末加上排列整齐的标语,起到画龙点睛的作用。例如"观念改变命运,知识影响人生""让你掌握在健康产业中分得一杯羹的新式武器""送你快速掘金的超级法宝""非专业人士通往中医药专业的可选之路""传播爱心种子,传递健康理念"等。配上这类标语能够起到渲染和吸引的作用,但切忌哗众取宠、发布不实信息。

3. 结尾

结尾的内容有主办单位、海报制作时间等，正文已把有关内容写清楚了，可以不设结尾。有的在结尾处加上一些吸引人的口号，如"爱心无敌，勿失良机！"等。

（二）撰写活动邀请函

1. 针对公务人员/单位的邀请函

（1）格式要求。

请柬一般由标题、称谓、正文、落款四部分组成。

> **知识拓展**
>
> **请柬的内容**
>
> 标题：用大字书写的"请柬"两字，放在第一行中间，或者占用一页。
>
> 称谓：被邀请者的单位名称或姓名，另起一行或一页顶格书写，姓名之后写上职务、职称等，如"同志""先生""女士""教授""经理""主任"等。
>
> 正文：应写清活动时间、地点、内容、要求，并用"敬请参加""敬候光临""敬请届时光临"等作为结束语。
>
> 落款：发函者的署名与发函日期。

（2）请柬的形式。

请柬的形式要美观大方，不可用书信纸或单位的信函纸草草了事，而应用专用红纸或特制的请柬填写。所用语言应恳切、热诚，文字应准确、简练、文雅。

2. 会议邀请函

会议邀请函是专门用于邀请特定单位或人士参加会议，具有礼仪和告知双重作用的会议文书。

（1）会议邀请函的内容。

会议邀请函的基本内容包括会议的背景、目的和名称，主办单位和组织机构，会议内容和形式，参加对象，会议的时间和地点、联络方式以及其他需要说明的事项。

（2）会议邀请函的结构与写法。

①标题。由会议名称和"邀请函（书）"组成，一般可不写主办单位名称和"关于举办"的字样，如《××养老模式高级论坛邀请函》。"邀请函"三字是完整的文种名称，与公文中的"函"是两种不同的文种，因此不宜将其拆开写成"关于邀请出席××会议的函"。

②称呼。邀请函的发送对象分为三类。发送到单位的邀请函，应当写单位名称。由于邀请函是一种礼仪性文书，称呼中要用单称的写法，不宜用泛称，以示礼貌和尊重。对于直接发给个人的邀请函，应当写个人姓名，前冠"尊敬的"，后缀"先生""女士""同

志"等。在网上或报刊上公开发布的邀请函,由于对象不确定,可省略称呼,或以"敬启者"统称。

③正文。正文应逐项载明具体内容。开头部分写明举办会议的背景和目的,再用过渡句转入下文;主体部分可采用序号加小标题的形式写明具体事项;最后写明联系方式。另外,结尾处也可写"此致",再换行顶格写"敬礼",亦可省略。

④落款。由于邀请函的标题一般不标注主办单位名称,因此落款处应当署主办单位名称并盖章。

⑤成文时间。写明具体的成文年、月、日。

(三) 实践训练

1. 撰写一份活动策划案

撰写一份"××城市老年人广场舞大赛"活动策划案,并附上活动通知和活动邀请函。

2. 活动通知示例

在表3-1所示的三个活动通知中,哪个更好?为什么?

表3-1 活动通知示例

活动通知一
尊敬的各位爷爷、奶奶: 　　你们好!我们将于2020年11月13日14点30分开展"老年游艺会"活动。无论您感不感兴趣,都欢迎您的到来,我们有礼品赠送哦!参与我们活动的老年人更能收获比赛的乐趣。期待各位的倾情加入,我们需要你们! 主办方:××学院老年人服务与管理专业 举办时间:2020年11月13日
活动通知二
尊敬的各位爷爷、奶奶: 　　你们好!我们将举办一个"老年游艺会"活动。就是将所有老年人集合在一起玩一些生动、有趣的益智小游戏。无论您对此感不感兴趣,我们都期待您的到来。活动期间会有礼品赠送,而参与活动的老年人更能获得丰厚的奖品,我们欢迎各位老年人的倾情加盟! 主办方:××学院老年人服务与管理专业 举办时间:2020年11月13日14点30分
活动通知三
尊敬的各位老年人: 　　你们好!为了给大家带来更多的欢乐,留下更多愉快的影像,我们特举行"老年游艺会"活动。活动集合了一些生动有趣的小游戏,人人都能参与。另外,我们还有礼品赠送哦! 活动时间:11月13日(周二)下午2点。 活动地点:××楼阅览室。 注意事项:记得带上你愉快的心情哦! ××办公室 2020年11月12日

项目四 老年人活动策划与组织实例

【知识目标】
○ 熟悉群众性活动的类型。
○ 熟悉专业性活动策划的组织原则。
○ 掌握群众性活动策划方案的撰写和活动的执行。
○ 掌握专业性活动的形式与内容。
○ 掌握专业性活动方案的撰写方法。

【能力目标】
◇ 能根据服务对象的需求来确定采用何种方法开展活动。
◇ 能撰写活动策划书并执行活动方案。

任务一 群众性老年人活动的实例

案例导入

某社区内共有60岁以上老年人867人,其中空巢老年人约占2/3,还有部分失独老年人和残疾人,总体收入不高。相对来说,这一群体晚年生活比较孤独,其基本的生存需求已得到满足,但其情感需求、休闲娱乐需求等需要得到关注。该社区也组织了一些有益于身心健康的活动,以达到精神慰藉的目的,如大家熟知的重阳节和端午节的慰问老年人活动等。

讨论与思考:除此之外,还能举办哪些老年人活动?应该如何分类?这些活动与大型企业策划的文艺活动有哪些区别?

带着这些疑问,我们一起进入下一个环节的学习。

一、老年人学习类活动及示例

"活到老，学到老"是人们常说的一句话，但是对于"第三年龄"的教育一直处于缺失状态。没有方法、没有门路、没有机会等各种问题一直困扰着老年群体。随着互联网时代的发展，不论处于哪个年龄段，学习已经是不可回避的话题。老年人学习类活动主要存在的文化意义有：第一，扩充老年人的文化知识；第二，活跃身心，延缓大脑衰退；第三，发掘潜能，发挥余热。

（一）老年人学习类活动分类

根据老年人学习类活动的主题进行划分，可以分为：文化知识类——语言知识、保健知识、绘画摄影知识、手工知识、计算机等的使用知识；体育健身类——手指操、音乐照顾、趣味竞赛等。按照以上分类，我们将在后文选择代表性的活动进行案例介绍。

（二）手工类活动示例

1. 什么是手工类活动

手工类活动是运用手的技能和使用简单的工具对材料进行加工与创造的造型活动，通常包括编织、织染、刺绣、剪纸、折纸、泥塑、黏土制作、拼贴画、插画、雕刻等。

2. 手工类活动的特点

（1）操作性。

手工类活动的特点是动手做、手脑并用和亲身体验，并以此来获得感觉经验和对造型的基础体验。

（2）功能性。

手工类活动不仅可以帮助老年人学习相关技能，还可以丰富他们的生活，让他们的晚年充满欢乐。与此同时，手工类活动还可以增强老年人手部的灵活性，提升手、大脑和眼睛的协调能力。

（3）生活化。

手工类活动贴近老年人的生活经验、生活兴趣、生活情感和认知水平。

3. 手工类活动的策划思路与组织要点

（1）明确目标。

在其他群体参加的手工类活动中，其目标是很明确的，但老年群体不同。因此，应注意帮助老年人将制作目标明朗化，引导老年人紧扣目标进行构思和创作。

（2）设计构思。

明确了目标以后，手工制作就进入了构思阶段。这时就要引导老年人对想要制作物品的造型、色彩、装饰、成品效果等各构成因素进行全面的思考与设计。

（3）动手操作。

进行手工制作时，要引导老年人遵循由简到繁、由易到难递增的原则，以激发老年人对手工制作的兴趣，让老年人体验成功的喜悦。

4. 手工类活动在执行中的注意事项

（1）尽量选取简单易学、趣味性强、工具简单、程序相对单一的活动。

（2）选用的材料干净、无害，制作过程安全，且活动时间不宜过长。

（3）注意考虑老年人的情绪和兴趣，提高老年人的参与度。

（4）需要考虑活动的适用性、经济性、美观性、创新性等。

5. 具体活动示例

以客家手工刺绣活动为例，详细介绍手工类活动的策划组织过程。

创意放飞梦想，巧手舞动精彩
——客家手工刺绣活动

（一）活动背景

某客家新村是村改组后新建的社区，该村大多数居民是客家人，有他们自己的语言和文化。经调查，客家的手工刺绣是一门传统手艺，居民的认可度较高。另外，该村居民活力不足、对田园新客家认可度低、文化生活不够丰富、缺乏参与社区治理的渠道等制约着田园新客家的发展。

（二）活动目标和活动意义

1. 活动目标

（1）总目标。

体现该村居民的动手能力，弘扬中华民族的传统手工艺；进一步弘扬邻里团结、互助和睦的中华传统美德；营造良好的文明和谐社区氛围。

（2）分目标。

①通过"创意放飞梦想，巧手舞动精彩"——客家手工刺绣活动，更好地传承客家文化。

②提高居民的动手能力和创新能力。

③锻炼双手的灵活性、协调性以及培养居民的专心、耐心、细心等优秀品质。

2. 活动意义

激发居民的创新意识，提高居民做手工的能力，这样既能够展现客家新村居民的刺绣能力和风采，又能够丰富客家新村居民的文化生活。

（三）活动时间和活动地点

1. 活动时间

2020 年 11 月 29 日 13：30—15：00。

2. 活动地点

客家新村 1 楼手工室。

（四）参与对象

参与对象：客家新村居民。

(五)活动简介

1. 活动概述

以生动活泼和喜闻乐见的形式来提高居民参与活动的积极性以利于传承客家文化,激发居民日常生活中的创新意识。"千里之行,始于足下。"鞋垫作为一种家的温暖象征,自古以来中国的妇女们,不辞辛苦、不怕烦琐、不惜千针万线亲手为自己的亲人纳制绣花鞋垫。她们凭借着原始、古朴、丰富的想象力,把对亲人的爱、对老年人的祝福、对孩子未来的期望、对亲朋好友的祝愿及对一切美好生活的向往,都一针一线地纳在鞋垫里,让鞋垫伴随亲人们走向四方。

本次活动主要是针对客家新村居民开展的一场手工刺绣活动。活动内容由暖场小活动、选图案、刺绣、结束小活动四个环节构成。通过本次活动,进一步弘扬邻里团结、互助和睦的中华传统美德,融洽邻里亲情,营造良好的文明和谐社区氛围。

2. 整体时间进度安排表

客家手工刺绣活动整体时间进度安排见表4-1。

表4-1 客家手工刺绣活动整体时间进度安排

工作内容	负责人	截止时间
策划	社区社工	11月25日
主持词	社区社工	11月25日
招募通知	社区社工	11月26日
招募中老年人女士	社区社工	11月26日
物资准备(鞋垫28双)	社区社工	11月27日
横幅(4米)	社区社工	11月27日下午
上墙书画	社区社工	11月28日下午
场地布置	社区社工	11月28日下午
活动执行	社区社工、志愿者	11月29日13:30—15:00
场地清理	社区社工	11月29日
活动简报	社区社工	11月29日
活动宣传、文件整理	社区社工	11月29日

3. 活动现场人员分工

客家手工刺绣活动现场人员分工见表4-2。

表4-2 客家手工刺绣活动现场人员分工

组别	负责人	分工	组员
会务组	社区社工	会场把控	志愿者1、志愿者2
场务组	社区社工	人员签到、场地布置、兑奖	志愿者3、志愿者4

续表

组别	负责人	分工	组员
摄像组	志愿者	现场采样与摄像	—
机动组	志愿者	—	—

（六）活动流程

客家手工刺绣活动流程如表 4-3 所示。

表 4-3　客家手工刺绣活动流程

环节	时间	内容	人员
活动准备	13：00—13：30	准备、签到	志愿者
	13：30—13：35	社工自我介绍	社工
"创意放飞梦想，巧手舞动精彩"——客家手工刺绣活动	13：35—13：45	暖场小活动（拍打肚子），每位居民教志愿者说一句客家话	社工、志愿者
	13：45—13：55	社工介绍本次活动事项后让居民挑选图案	社工
	13：55—14：50	开始绣鞋垫，在过程中与居民讨论并确定手工刺绣活动的激励机制	社工
	14：50—14：55	结束小活动（播放音乐《星星与爱丽丝》）	社工、志愿者
总结离场	14：55—15：00	活动总结、清场	社工

（七）招募及宣传

1. 招募方式及对象

（1）张贴通知（线上：微信/QQ，线下：社工协助通知）。

（2）走访居民并发出口头邀请（邀请平时喜欢刺绣的居民）。

2. 宣传方式及内容

社工在微信群里和以口头方式宣传本次手工刺绣活动。

（八）风险评估及解决方案

1. 风险评估

（1）机构和社区支持。

本策划方案中涉及的活动内容是否符合机构、社区的实际情况，是否能够如期开展。

（2）专业知识。

开展活动是否能够有效地利用所学的专业知识服务居民。活动当天的互动环节是否能让居民有兴趣参与。

（3）活动对象。

能否找到居民参与这次活动，询问他们是否喜欢纳鞋垫。

(4) 时间安排。

前期筹备工作时间较短，活动当天的时间分配得是否合理。

(5) 其他方面。

居民如果不愿与社工互动应如何解决？居民如果说客家话怎么办？

2. 解决方案

(1) 机构、社区支持。

在活动策划方案完成后，要与机构的指导教师积极联系，倾听反馈意见，并进行适当的调整。

(2) 专业知识。

为了保证活动的顺利开展，社工要多练习暖场小活动，用自己的专业知识为居民服务，并且让他们感到快乐和轻松。

(3) 活动对象。

在社区工作人员的带领下，做好前期的宣传和动员工作，维护好与居民的关系，建立信任。

(4) 时间安排。

充分利用有效时间，做好协调、沟通与配合工作，在时间安排上要"留有余地"。

(5) 其他方面。

将社工身份直接引入本次活动中，以利于和居民更好地交流；活动开展期间，让居民配合社工，让他们尽量用普通话与社工交流。

（九）活动预算

客家手工刺绣活动预算见表4-4。

表4-4　客家手工刺绣活动预算

事项	单价/元	数量	合计/元
鞋垫（居民自带针线）	5.00	28双	140.00
横幅	7.00	3.5米	24.50
总计			164.50元

（十）附录

客家手工刺绣活动主持词示例。

各位阿姨，大家下午好！欢迎大家来参加本次的刺绣活动，我是××机构的社工××，为了方便你们记住我，就叫我小陈吧；初次见面，请多关照！

今天我们的活动由暖场小活动、选图案、刺绣、结束小活动四个环节组成。

为了让大家更好地参与其中，咱们就先活跃一下气氛，来个暖场小活动吧！

（第一个环节）

天冷了，我来教大家做一个保健操（拍打肚子）吧！这个活动有利于活络筋骨，促进血液循环。

快乐的暖场小活动环节结束了，那咱们就开始进入下一个环节吧！

刺绣，又名"针绣、绣花"，是用绣针引着彩线，将设计的花纹在纺织品上刺绣运针，以绣迹构成花纹图案的一种工艺。亲爱的居民朋友，欢迎来到由石板滩镇人民政府、土城村、集体村主办，领航社工承办的"创意放飞梦想，巧手舞动精彩"——客家手工刺绣活动，我是本次活动的主持人小陈。

（第二个环节）

鞋垫作为一种温暖的象征，常常被人们当作礼物赠送给自己的亲朋好友。鞋垫上的每种图案都有不同的寓意，那么下面就由你自己挑选喜欢的图案吧！

（中途互动：询问她们是什么时候开始接触刺绣的）

（第三个环节）

选好图案后，阿姨们就用一根根五颜六色的线制作刺绣鞋垫，绣出自己的生活和心境。

（中途互动：讨论并确定激励机制）

（第四个环节）

阿姨们将一针一线落在鞋垫上，从此，鞋垫上也有了不一样的色彩图案。在一片欢声笑语中，一个小时很快就过去了，坐了这么久，我想阿姨们的胳膊和腿也有些酸痛了吧，那咱们就来听一段音乐——星星与爱丽丝。

此时此刻，我们的刺绣活动马上就要在这片欢声笑语中结束了，通过开展丰富多彩的艺术活动，能够进一步弘扬邻里团结、互助和睦的中华传统美德，融洽邻里亲情，营造良好的文明和谐社区氛围，锻炼居民朋友们双手的灵活性。非常感谢现场各位爱好刺绣的居民朋友积极参与。本次手工刺绣活动到此圆满结束，谢谢大家，请大家合影留念。

（三）书画学习类活动示例

1. 什么是书画学习类活动

书画学习类活动是指通过邀请书法、绘画教师现场教学，讲解书法绘画基础知识，参加活动的老年人进行现场练习，教师就每个人的作品进行点评和指导。这类活动一方面可以弘扬我国博大精深的传统文化；另一方面可以帮助老年人陶冶情操，丰富他们的生活。

2. 书画学习类活动的特点

（1）有自愿性原则。

书画学习类活动有很强的互动性，需要老年人积极参与、现场练习。所以，为保障活动效果，前期的活动动员和宣传尤为重要，要引起老年人的兴趣，让其自愿、积极地参与活动。

（2）教师讲授的内容通俗易懂，符合老年人的实际情况。

中国书画艺术内涵丰富，进行书画知识的教学时，应考虑老年人的认知能力，保证老年人听得懂、学得会，从而保证活动开展的效果。

（3）教师示范与老年人练习相结合，增加互动性。

一方面，教师要在活动开始时介绍书画基础知识，介绍练习的技巧和注意事项；另一方面，老年人要在教师讲授后及时练习，并就练习中出现的问题与教师交流。

3. 书画学习类活动的策划思路与组织要点

书画学习类活动需要老年人积极参与其中，在策划和组织时需注重以下几点。

（1）教师的讲解和示范要清晰。

通过教师的讲解和示范，确保老年人清楚本次学习的内容。

（2）老年人就讲解内容提问。

教师讲解后，老年人可能有一些不清楚的地方，在提问环节可以及时请教师解答疑问，为后面的练习奠定基础。

（3）老年人及时进行练习。

结合教师示范的内容，老年人可以进行相应的模仿和练习。教师可以在此过程中指导老年人，及时纠正他们不正确的地方，鼓励老年人互相交流和学习。

（4）教师评价与总结。

教师就老年人的作品进行点评，给予老年人建议和鼓励。

4. 书画学习类活动在执行中的注意事项

组织老年人参与书画学习类活动，在活动执行中应注意以下几点。

（1）根据活动内容，提前准备所需物品，并评估场地和设施的安全性（如桌椅的稳定性等），并与相关人员沟通和协调，做好应急准备工作。

（2）提前评估老年人的参与意愿，以及老年人的身体状况和情绪状态。对于身体欠佳、情绪异常的老年人，在活动中要重点关注。

（3）活动正式开始前，介绍活动的内容、时间安排以及活动的注意事项，确保老年人清楚活动的开展方法。

（4）在活动过程中，应密切关注老年人的身体状况和情绪变化。对于情绪异常的老年人，要及时带离现场。

5. 具体活动示例

以"尚学龙泉·书香合龙"活动为例，详细介绍书画学习类活动的策划组织过程。

"尚学龙泉·书香合龙"活动策划方案书

（一）活动背景

××社区教育中心遵循中国教育家陶行知的生活教育理论和"721"学习法则，借鉴"第五项修炼"的操作实务，按照美好的愿景引领、聚焦中心、服务需求、学习先行的工作思路，推动社区教育向社区学习转型，专注指导学习型社区的建设。

（二）活动目标和意义

1. 总目标

通过学习活动的开展，社区居民能够掌握多笔画字的写法以及多笔画字与少笔画字同框书写时的注意事项，让书写更加协调美观。

2. 分目标

（1）通过教师的讲解，社区居民学习颜体字的书写方法。

（2）社区居民根据教师的教学指导和书写要点，各自进行颜体字的书写练习。

(3) 通过学习活动的开展,社区居民能够掌握多笔画字的写法以及多笔画字与少笔画字同框书写时的注意事项。

3. 活动意义

增强社区居民对中华优秀文化传统的认同感和自豪感,丰富社区居民的文化生活,为邻里之间搭建一个沟通情感和互相学习的平台。

(三) 活动时间、地点

1. 活动时间

活动开始筹备时间:2020年10月18日。

活动举办时间:2020年10月23日。

2. 活动地点

××社区综合文化活动中心。

(四) 参与对象

活动服务对象:社区全体居民。

(五) 活动简介

1. 活动概述

本次活动以全体居民为活动对象,主要内容为指导教师为大家讲解颜体字的书写方法;指导教师以"器"字的书写为例,进行书法演示;居民们根据教师的教学指导和书写要点,各自进行练习;最终掌握多笔画字的写法以及多笔画字与少笔画字同框书写时的注意事项,让书写更加协调美观。

2. 整体时间进度安排表

"尚学龙泉·书香合龙"活动整体时间进度安排见表4-5。

表4-5 "尚学龙泉·书香合龙"活动整体时间进度安排

具体活动安排	任务分解	内容	负责人	时间
前期准备	宣传的准备	宣传栏、海报、邀请函等	社工	10月18日—10月23日
	在老年活动中心进行活动宣传	日常在老年活动中心工作时,口头对居民进行宣传	社工	10月18日
	走访社区居民	走访部分居民	社工	10月19日
	列出物资清单	列出相应的物资清单,按照清单采购物资	社工	10月19日
活动开展	维持现场秩序	注意观察现场秩序,维持好现场秩序	社工	10月23日
活动结束	合照留念	活动结束后,组织大家合影	社工	10月23日
	收拾活动现场	活动结束后,将活动现场还原	社工	10月23日

(六)活动流程

"尚学龙泉·书香合龙"活动流程见表4-6。

表4-6 "尚学龙泉·书香合龙"活动流程

环节		内容
准备工作		提前到现场布置,摆好桌椅
开场		社工介绍本次活动内容,介绍指导教师以及本次活动注意事项
热场活动		在活动正式开始前,社工请指导教师进行自我介绍,与居民相互认识
活动进行	书法讲解	指导教师为大家讲解颜体字的书写方法
	书法演示	指导教师以"器"字的书写为例,进行书法演示
	学员练习	居民们根据教师的教学指导和书写要点,各自进行练习
活动结束	合影	全体人员合影留念

(七)招募及宣传

1. 招募对象

招募对象主要为社区的全体居民。

2. 宣传方式及内容

走访居民进行口头宣传;发放邀请函;更换社区宣传栏海报进行宣传。

(八)风险评估及解决方案

1. 风险评估

(1) 社区支持。

本策划方案中涉及的活动内容是否符合社区的实际情况,是否能够如期开展。

(2) 活动组织。

开展活动的人员是否能够安排到位,如人员发生临时变动,活动环节是否能有效衔接。

(3) 活动对象。

能否找到合适的活动参与者,活动参与者参加活动的积极性如何。

(4) 时间安排。

前期筹备工作时间较短,活动当天的时间分配是否合理。

(5) 其他方面。

若现场秩序太混乱怎么办;若参与人数太少应如何处理;若有居民在活动中出现不适现象(如突然晕倒),是否有相应的急救措施。

2. 解决方案

(1) 社区支持。

活动负责人进行提前准备,针对活动召开讨论会并一致通过,确保活动能够顺利开展。

（2）活动组织。

为了保证活动的顺利开展，社工之间多沟通交流，每项工作内容责任落实到人。

（3）活动对象。

提前做好前期的宣传和动员工作，与社区居民打好关系，建立信任。

（4）时间安排。

充分利用有效时间，做好协调、沟通与配合工作，在时间安排上要"留有余地"。

（5）其他方面。

在活动举办前期和居民多沟通交流，建立信任关系；学习与居民沟通的技巧，争取让更多的居民参与活动。

在活动开展过程中，要注意观察现场秩序。遇到秩序混乱时，要及时开展有针对性的调整工作，维持好现场秩序。

活动开展时要邀请社区的医护人员参与，出现突发情况应及时与社区负责人联系，以确保人身安全。

（四）保健类活动示例

1. 什么是保健类活动

保健类活动也称为健康养生类活动，活动重在传播养生保健理念，传授养生保健技巧，通过现场教授保健技巧与方法的形式提升活动效用，营造良好的群体氛围。

2. 保健类活动的特点

保健类活动具有技巧性、群体性、易操作性、效用性几个特点。

（1）技巧性。

即活动内容包含一定的技巧，需要活动参与者进行一定程度的学习。这种技巧需要活动组织者在活动中示范，带领活动参与者共同参与活动。

（2）群体性。

即该类活动是群体性活动，通过多人参与来达到活动目的。

（3）易操作性。

即活动中涉及的保健技巧必须为简单、易学、可上手的。如果保健技巧太复杂，老年人不容易学会，而如果太简单，又起不到保健养生的效果。

（4）效用性。

着重体现在活动结束以后活动内容也能给参与者带来益处。如活动参与者通过参加该类活动学习了一套保健操，活动结束后通过不断练习熟练将其掌握，从而使活动效果得以延续。

3. 保健类活动的策划思路与组织要点

策划保健类活动应选取适合老年人的保健类型，如"拇指舞""手指操"等，使活动参与者通过活动学会保健技巧，进而达到局部健身的目的。注意，一次活动传授的保健技巧不应太多，一般以2~3个为宜，以确保老年人能够记住。另外，还要在活动结束后及时收集活动参与者的建议，然后及时调整活动内容，确保活动高度匹配活动参与者的

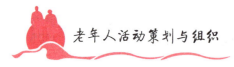

特征。

4. 保健类活动在执行中的注意事项

保健类活动在执行中应注意以下几点。

（1）活动参与者的选择是否符合活动内容。

（2）活动内容是否符合活动参与者的预期。

（3）保健技巧是否易学、易懂、易掌握。

（4）活动时间是否控制得当。

（5）针对活动中出现的突发情况是否有相应的预案。

（6）活动参与者的需求能否被及时满足。

5. 具体活动示例

以××院暖冬行之冬季手部护理活动为例，详细介绍保健类活动的策划组织过程。

平安有你·福气万家

——××院暖冬行之冬季手部护理活动

（一）活动背景

寒冷的冬季已经到来，老年人畏寒，而且随着日常工作的不断推进，员工的工作也很辛苦。为了在冬天给老年人和员工带来暖冬福利，特举行一场冬季手部护理活动。

（二）活动目标

冬季进行手部护理有利于身体健康。

1. 延缓肌肤衰老

进行手部护理最简单直接的好处就是让手部皮肤变得柔嫩光滑。因为手部皮肤常年暴露在外，水分很容易流失，对手部皮肤进行护理能够有效延缓皮肤衰老。

2. 强化手部肌肉弹性

进行手部护理能够为手部皮肤补充营养、水分，而且通过按摩等还能加快血液循环，促进局部的新陈代谢，使手部肌肉弹性得到很好的维持和强化，这样可以增强手部关节的活动能力。

3. 按摩内脏器官

手部有内脏器官的反射区，因此对手部进行按摩护理能够刺激穴位对内脏器官进行按摩，有利于调整内脏器官功能。另外，对手部其他穴位进行刺激，也能够起到很好的保健效果。

（三）活动内容

1. 活动主题

平安有你·福气万家——××院暖冬行之冬季手部护理活动。

2. 活动时间

2020年12月13日14：30—17：00。

3. 活动场地

××院2楼活动室。

4. 活动对象

××院内所有入住的老年人和员工。

5. 预计人数

预计参加人数为60人。

6. 活动流程

冬季手部护理活动流程如表4-7所示。

表4-7 冬季手部护理活动流程

序号	流程	时间	具体内容	活动道具	备注	负责人
1	检查物品	13:00—13:15	检查手膜、精油、护手霜等物资	1. 音响 2. 话筒	为活动顺利开展做好准备	社工1
2	布置场地	13:15—14:00	装饰活动室，摆放桌椅，准备暖场音乐	1. 气球 2. 音响 3. 桌椅	布置完场地后再次检查场地有无安全隐患	社工2
3	人员入场	14:00—14:25	通知工作人员带领老年人入场，然后工作人员入场	—	再次通知老年人前来参加活动	全体社工
4	活动开始	14:25—14:35	主持人宣布活动开始，营造活动气氛	—	主持人准备好主持词	社工1
5	大合唱	14:35—14:40	所有员工合唱经典老歌并鼓励老年人一起唱	1. 话筒 2. 音响	由居委会副主任潘爷爷带领大家进行大合唱	社工2
6	手部护理时间	14:40—16:55	之前学习过手部护理操作方法的工作人员为老年人和员工进行护理，等待护理的老年人可跟着社工一起做音乐照顾	1. 手膜 2. 精油 3. 护手霜	手部护理操作方法：先用酒精消毒双手，然后用热毛巾敷热双手，将按摩产品均匀涂抹在手部，按摩8~10分钟，敷上手膜手套再按摩10~15分钟，取下手膜，将手洗干净，涂上护手霜	社工1
7	活动结束	16:55—17:00	宣布活动结束，组织老年人退场	—	注意退场秩序，防止发生踩踏意外	社工2
8	场地还原	17:15	还原场地桌椅，归还借用物品	—	活动结束后还原现场，清点物资，清理活动现场垃圾	全体社工

（四）活动预算

冬季手部护理活动预算如表4-8所示。

表4-8 冬季手部护理活动预算

序号	物品	单价/元	数量	金额/元	备注
1	气球	5.00	2袋	10.00	机构准备物品
2	横幅	8.00	5米	40.00	
3	音响	—	1套	—	
4	话筒	—	1个	—	
5	手膜	4.00	80套	320.00	
6	精油	20.00	5瓶	100.00	
7	护手霜	5.00	80支	400.00	
费用合计				870.00	

（五）风险评估及解决方案

1. 风险评估

活动参与者人数不足，物品准备不足，老年人的安全问题，活动现场的秩序问题。

2. 解决方案

提前联系生活管家、快乐管家进行活动动员；提前开展活动宣传，吸引院内老年人参与，物资准备充足；行动不便的老年人可于活动结束后另行单独探访慰问；提前做好现场布置及人员分工等准备工作；提前规划好紧急逃生路线，防止发生意外事故。

（五）知识学习类活动示例

1. 什么是知识学习类活动

"活到老，学到老"是人们公认的生活态度和生活方式。老年人参加知识学习类活动可以使晚年生活更加丰富和充实。在学习过程中，老年人不仅可以在快乐中学会知识，也可以在学习过程中收获快乐。

2. 知识学习类活动的特点

（1）活动对象的特殊性。

老年人是一个特殊的群体，他们既是社会财富的既往创造者，又是现有社会财富的分享者。他们中人才济济、卧虎藏龙。有些老年人多年担任领导职务，具有丰富的经验优势；有些老年人从事过各行各业的具体工作，具备一专多能、一技之长。经过知识学习类活动的再学习，许多老年人的知识得以再丰富，视野得以再开阔，思想得以再充实，成为不可多得的人才。他们是潜在的资源，可以为社会的发展储备更多的"银发人才"。

（2）活动内容的实用性。

老年人知识学习类活动不能从传统的传授角度理解，因为老年人的学习与青少年儿童的学习是不同的。老年人知识学习类活动重在改善老年人的生活环境，了解他们的学习愿望，开设他们喜欢的课程，制定符合实际的教学计划，最大限度地满足他们的精神需求。

（3）学习方法的特殊性。

老年人共同的特点是经验阅历丰富，自主意识强烈，学习目的明确，理解能力强，记忆力差。上述特点要求我们要坚持从老年人的实际出发，在活动中采取灵活多样的引导方法。老年人知识学习类活动不同于普通的社会性学习，不能用"注入式""训诫式""封闭式""满堂灌"的方式，要用"探讨式""互动式""开放式"的引导方法，要围绕老年人"实现自我价值"的需求来开展丰富多彩的知识学习类活动。让老年人自发组织、自由结合，互相交流、共同提高，自觉地把学习气氛延伸到生活中。

3. 知识学习类活动的策划思路与组织要点

（1）知识学习类活动策划基本思路。

①调研。通过定性调研和定量调研的方式了解服务对象的需求。定性调研包括焦点小组讨论、参与式观察和案例研究等；定量调研是通过访谈、问卷等方式进行主题调研，以利于制定符合老年人需求的知识学习类活动主题。

②设计。确定学习活动内容。根据知识学习类活动的主题，制定具体的活动内容。一个主题可以只有一个具体的活动内容，也可以包含几个活动内容，视具体情况和活动规模而定。

③策划。根据设计撰写活动策划书。

④协调。在活动筹备期和活动执行期协调各部门工作人员，做好联系和统筹工作。

⑤评估。活动结束后立刻开展活动评估。

（2）知识学习类活动组织要点。

①对工作人员的要求。一是在对待老年人的态度上，工作人员要保持微笑，当好老年人的忠实听众，这是和老年人进行沟通的重要前提。微笑可以缩短人与人之间的距离，在活动中与老年人讲话时，工作人员脸上要保持微笑并表现出极大的兴趣和充分的信任，让老年人畅所欲言。二是工作人员要提高老年人知识学习类活动的质量，这就要求工作人员具备奉献精神和丰富的指导经验。

②对知识学习类活动内容的要求。老年人知识学习类活动的内容要合理化、人性化和个性化。"增长知识、陶冶情操、丰富生活、促进健康、服务社会"是举办老年人知识学习类活动的宗旨。

③对活动节奏的要求。老年人知识学习类活动要想获得好的效果，工作人员必须把握好活动现场的节奏。活动现场呈现出和谐的气氛才能激发老年人的学习热情。把控活动节奏主要从三个方面着手：一是针对"学情"调整节奏，二是根据内容确定节奏，三是观察情绪变化调整节奏。

4. 知识学习类活动在执行中的注意事项

（1）知识学习类活动的内容。

活动内容需要建立在充分调研的基础上，切勿凭空想象。

(2) 知识学习类活动时间的选择。

一般活动时间应选择老年人精力充沛的时间段，如早饭后半小时，午睡后半小时或晚饭后半小时。

(3) 知识学习类活动地点的选择。

依据活动的学习内容和气氛的具体要求，以及活动规模进行活动空间的选择。一般老年人知识学习类活动可选择在养老院、酒店或者适宜的广场等地方举行。

(4) 知识学习类活动的通知。

通知可以分为口头通知、电话通知和书面通知。在通知时尽量多次通知，在活动临近时要再次通知老年人。

(5) 学习方式的选择。

在活动开展过程中注意学习方式的选择。注意，不能用"注入式""训诫式""封闭式"和"满堂灌"的方式。

(6) 学习类活动的管理。

老年人学习类活动的管理要采取宽松模式，即宽而不乱、松而不散，体现人性化服务，以此来调动老年人参加活动的积极性。另外，采取灵活多样的形式、松散可变的结构和机动弹性的过程，以适应老年人的不同需求。

(7) 活动评估时间的选择。

活动结束后趁热打铁，在活动结束后立刻进行活动评估。

5. 具体活动示例

以"走近计算机，远离烦恼"活动为例，详细介绍知识学习类活动的策划组织过程。

走近计算机，远离烦恼

(一) 活动背景

随着经济社会的发展，人们的物质文化生活不断得到丰富，老年人的"夕阳生活"也变得越来越精彩。老年人对精神文化消费的需求在不断增强，但是由于城市居住环境的改善，高楼大厦导致邻里间的交往减少，老年人的活动圈子缩小，人际交往狭窄，精神孤独日趋严重，失落、孤独和寂寞成了老年人的共同问题，严重影响老年人的生活质量。特别是失独老年人，他们不单存在上述老年人的共同问题，还要面对失去独子的痛苦和孤独。对失独老年人来说，精神上的失落空虚远比物质匮乏更可怕。因此，丰富失独老年人的精神文化生活，应引起全社会的关注。随着网络的发展与普及，人们在网上交流越来越多，而网络也成为信息传播的一个重要途径。因此，教失独老年人学习计算机知识具有十分重要的意义。

(二) 活动目标及意义

本次活动旨在教失独老年人学习一些简单的计算机知识和网络交流方式以及小游戏的玩法，借此让他们得以丰富自己的精神世界，通过网络交往排解内心的孤寂。与此同时，通过工作人员和志愿者的教授，可以让失独老年人缓解失去爱子的痛苦，感受到除了自己的孩子，在社会上和社区里还有许多人在关心自己。

（三）活动主题

走近计算机，远离烦恼。

（四）活动组织机构

委托单位：××市××区计生委。

承办单位：××市××区暖洋洋居家养老促进中心；××学院社会学系。

（五）活动时间

10月11日（暂定）。

（六）活动地点

社区活动室。

（七）活动过程

1. 前期准备

活动前期准备见表4-9。

表4-9 活动前期准备

活动时期	任务分解	内容	截止时间	负责人
前期准备	物资筹备	计算机、多媒体	10月8日	负责人、社工
	人员招募	会操作计算机的教学人员、志愿者	10月8日	社工
	走访社区居民	走访部分居民	10月8日	负责人、社工
活动开展	维持现场秩序	注意观察，维持现场秩序	10月11日	负责人、社工
活动结束	合照留念	活动结束后组织大合照	10月1日	负责人
	收拾活动现场	活动结束后将活动现场还原	10月11日	负责人、社工

2. 教学过程

活动分四次进行。第一次教老年人基本的计算机知识和技巧，第二次教老年人一些简单小游戏的玩法，第三次教老年人上网聊天和浏览新闻，第四次主要解答老年人的疑问。教学过程如表4-10所示。

表4-10 教学过程

主题	教学人员	维护人员	主要内容	方式	备注
基本常识	志愿者1	志愿者3、4；社工	开关计算机，鼠标和键盘认识与操作，网络连接，桌面图标及功能，熟悉开始菜单	对硬件的认识主要通过现场展示教学，其他内容通过多媒体让老年人观看并学习，不懂的内容由现场维护人员指导	讲解时速度要慢，注意给老年人留出消化知识的时间和休息时间

续表

主题	教学人员	维护人员	主要内容	方式	备注
小游戏	志愿者1	志愿者3、4；社工	象棋、麻将、斗地主、连连看、祖玛、金甲虫、军棋、飞行棋	多媒体展示，练习巩固	视老年人兴趣选择游戏，注意留出休息时间
网络交往	志愿者2	志愿者3、4；社工	QQ聊天、网上浏览新闻、新浪微博	多媒体教学，现场指导	注意留出休息时间
答疑	志愿者1、2	志愿者3、4；社工	现场解答老年人的疑问	若老年人有不懂的地方应继续指导	工作人员要有耐心

（八）招募及宣传

招募方式：走访口头宣传；宣传栏及海报宣传。

招募对象：社区的全体居民。

宣传方式：社工口头宣传，对重点居民发放邀请函，更换宣传栏主题；绘制海报并张贴。

（九）活动预算

活动预算见表4-11。

表4-11 活动预算

物品	单价/元	数量	总计/元
横幅	50.00	5条	250.00
矿泉水	2.00	60瓶	120.00
合计			370.00

注：多媒体、计算机由社区提供。

（十）注意事项

（1）前期的宣传一定要到位，要向失独老年人讲明活动的具体内容，以及活动会给他们带来什么好处。尽量让失独老年人全程参与第一次到第四次活动，不要半途而废。

（2）在教学过程中，教学人员的语速要慢，表意要清晰，确保老年人能听明白。

（3）教学时间不宜过长，注意留出休息时间，让老年人保持足够的清醒。

（4）现场维护人员要注意观察老年人是不是在认真听，会不会动手做，当他们出现特殊情况的要及时关心。

二、老年人娱乐类活动及示例

如果在退休后有适度的精神追求和娱乐活动，老年人不仅可以建立积极生活的信心，也可以促进身体健康。

(一) 老年人娱乐类活动分类

可供老年人娱乐的活动项目种类很多,可按照活动的内容分类,具体如下。

1. 节日庆典活动

该类活动以歌舞表演为主,老年人或观看或参与,如重阳节活动、生日会活动、元旦迎新活动等。

2. 短暂外出活动

该类活动主要组织机构内的老年人外出游玩,如踏青、秋游、参观生命奥秘博物馆等。

3. 志愿类活动

该类活动主要有志愿者培训、志愿者招募等。

4. 游戏竞赛类活动

该类活动主要有趣味运动会、弈棋、生活知识竞赛等。

(二) 节日庆典活动示例

1. 什么是节日庆典活动

节日庆典活动又称"节事活动",从概念上来看,节事是节庆、事件等精心策划的各种活动的简称。其形式包括精心策划和举办的某个特定的仪式、演讲、表演和节庆活动,各种节假日及传统节日以及在新时期创新的各种节日和事件活动。

"节事"一词来自英文"Event",含有"事件、节庆、活动"等多方面的含义。国外常常把节日(Festival)和特殊事件(Special Events)、盛事(Mega-event)等合在一起作为一个整体使用,英文缩写为 FSE(Festivals &Special Events),中文译为"节日和特殊事件",简称"节事"。西方学者根据自己的理解,将文化庆典、文艺娱乐事件、体育赛事、教育科学事件、私人事件、社交事件等归结到节事范围内。老年人节日庆典活动策划主要以节日庆典、文化庆典、文艺娱乐为主。

2. 节日庆典活动的特点

一般来说,举办节日庆典活动是为了达到节日庆祝、文化娱乐和市场营销的目的,可以提高举办单位的知名度和美誉度,树立良好形象。有些大型节日庆典活动还起到促进当地旅游业的发展、带动区域经济发展的作用。

老年人节日庆典活动一般是为了增添老年人的生活趣味、活跃老年人的生活氛围。与此同时,老年人节日庆典活动也兼具提高养老机构或福利院知名度和美誉度、树立良好形象的作用。

节日庆典活动一般具有以下几个特点。

(1)文化性。

节日庆典活动本身就是文化活动,这些以民族文化、地域文化、节日文化和体育文化等为主导的节事活动往往具有极浓的文化气息。

（2）地域性。

节日庆典活动都是在某一地域开展的，带有明显的地域性，可成为举办单位的形象指代物，有些节日庆典活动已经成为单位的名片。

（3）时效性。

每项节日庆典活动都有季节和时间的限制，都是按照预先计划好的时间规程进行的。

（4）体验性。

节日庆典活动实际就是亲身经历、参与性强的大众性的文化、娱乐、体育和休闲活动，是建立在群体参与和体验基础上的。

（5）多样性。

节日庆典活动的内涵非常广泛，其开展形式多元化，开展内容丰富多彩。

（6）交融性。

节日庆典活动的多样性和群体参与性决定了其必然有强烈的交融性，许多节日庆典活动都包含吸引外部关注的作用，从而成为带动行业发展的引擎。

（7）二重性。

节日庆典活动参与者的角色，一是该主题节日庆典活动的内部参与者，二是该主题节日庆典活动的外部参与者。

（8）个性化。

举办单位可以生产特别出色的节日庆典活动产品，以供内部参与者和外部参与者挑选，否则一般很难成功。

（9）吸引性。

节日庆典活动本身必须具备强大的吸引功能，给参与者带来了非常好的感知印象，在心理上产生非去不可的愿望。

（10）认可性。

节日庆典活动应该控制节日庆典活动的参与者的数量，保证在举办单位的承受范围之内，应以老年群体认可并显示出友好的态度为准。

3. 节日庆典活动的策划思路与组织要点

老年人节日庆典活动的核心目的一是秉承传统理念，服务老年人；二是抓住机遇，树立品牌形象。基于这两点，活动策划应以服务为核心，以宣传为目的。为保证整个活动顺利开展，活动策划人应从"活动"和"老年人"出发，把各类注意事项纳入考虑范围内。

在活动策划过程中要注意克服的弊病是：主题不明确，缺乏贯穿始终的主线；表演者云集，喧宾夺主，形成"天上星多月不明"的局面；节目陈俗，堆砌痕迹明显；盲目出新，哗众取宠；无特色，品位定位不准；指挥失控，协调困难；人、财、物力的不必要浪费；内容不适合传播，宣传效果差；单纯追求规模效应，忽视活动本身的作用；忽视商业运作，过分依赖政府的支持。

针对以上弊病，活动策划要有专题创作、主题明确、以节日庆祝为主，兼顾老年人需求、热烈欢快而不奢华、内容适当并保证现场气氛，以成本核算活动费用，力求优质低价，并可以提供多方面的媒体支持。活动策划要注重需求性、文化性、市场性、公益性四者结合。

我国养老领域的节日庆典活动虽然已经走过了约 20 年的路，而且各地养老领域的节日庆典活动层出不穷，但也存在以下几个问题。

(1) 节日庆典活动数量越来越多，但是有品牌知名度与影响力的却很少。
(2) 节日庆典活动的主题低层次重复现象很多，差异化不明显，创新性不足。
(3) 节日庆典活动与文化结合的力度不够，文化内涵尚待挖掘。
(4) 节日庆典活动的形式流于表面，没有与老年人的需求相结合。

因此，我们在策划节日庆典活动的时候应该明确策划思路。

(1) 在内容上，节日庆典活动应具有浓郁的文化韵味和地方特色，应根据当地的文化和传统特色来具体设计。
(2) 在形式上，要求生动活泼，具有亲和力，大多数的参与者都是想通过这一活动达到休闲和娱乐的目的，节日庆典活动要编排严谨、环环相扣、切合主题。
(3) 在功能上，节日庆典活动不仅是一种文化现象，更重要的是一种经济载体。节日庆典活动可以围绕经济活动的开展进行适当调整。节日庆典举办期间，大量的人流不仅能增加行业收入，还会促进行业的发展。

那么，在策划节日庆典活动之前，首先思考以下三个问题。

(1) 怎样为所在单位树立良好的品牌形象？
(2) 怎样将传统文化与老年人节日庆典活动相结合？这是一种对老年人节日庆典活动的新认知与新传播。
(3) 怎样满足参与者的心理需求？

在确定思路以后，要重点把握活动组织的要点，节日庆典活动组织的要点一般包括活动时间；活动地点；参与对象，包括主办单位、承办单位、嘉宾、观众、表演者；宣传推广；物资准备；背景布置，包括场地选择、活动场地背景、嘉宾安排、观众安排、会场入口安排；活动框架，包括节目与活动的整合、道具安排、座位安排、活动流程、专业人员摄像、影视后期剪辑制作；具体活动流程；活动预算；活动预期效果与评估。

4. 节日庆典活动在执行中的注意事项

在活动的执行过程中要注意老年人的需求。

(1) 互动尽量兼顾大多数老年人，如果发现无人和某位老年人交流，可以主动进行互动，以免老年人被冷落并由此产生负面情绪。
(2) 多为老年人的健康考虑，时刻留意老年人的变化，如冷、热、咳、渴、上厕所等，以便及时做出处理。老年人的抵抗力较弱，为了老年人的健康，不要让行动不便老年人带病坚持参加活动，要理解支持老年人。
(3) 随机应变，如有老年人情绪有变，尽量不要劝说，先安慰稳定情绪，随后将其转移至安静的环境中休息。
(4) 在活动中，要避免出现食物类的道具和礼品。
(5) 活动结束时，以恰当的方式离开。不能拥挤，应该陆续离开。否则，活动时的热闹以及结束后的冷清会形成较大反差，可能让老年人产生失落情绪。
(6) 离开时整理周围环境。

5. 具体活动示例

（1）以"端午携手绘，色彩展民俗"活动为例，详细介绍节日庆典活动的策划组织过程。

端午携手绘，色彩展民俗

（一）活动背景

农历五月初五是中国传统节日端午节，全国各地都有在端午节绘彩蛋的民俗，五彩斑斓的彩蛋寓意新生活圆圆满满。老年康疗院本次将"端午携手绘，色彩展民俗"作为端午节活动的主题，以绘画形式锻炼老年人的思维能力和动手能力，并邀请老年人的家属携手共度佳节，体验自由创作的快乐。

（二）活动目的

老年人能够在机构内感受节日气氛，还能在家属的陪伴下感受绘画的乐趣和亲情。绘画有利于老年人延缓记忆力下降以及缓解上肢僵硬等。与此同时，本次活动还给老年人提供一个展示自己、结交朋友的机会，有利于拓宽他们的社交渠道和朋友圈。老年人在活动中畅所欲言，结识挚友，充分展示自我，体现人生价值，这可以让老年人更好地享受晚年的快乐生活。

（三）活动主题

端午携手绘，色彩展民俗。

（四）活动对象及条件

1. 活动对象

所有入住××老年康疗院的老年人及其家属。

2. 条件（对年龄、身体状况的要求）

年龄不限，能在他人协助下进行活动。

（五）活动具体安排及内容

1. 活动时间

××××年6月7日9：00—10：30。

2. 活动地点

××老年康疗院营养科前的活动区域。

3. 活动进度安排

活动进度安排见表4-12。

表4-12 活动进度安排

时期	时间	内容	所需物资	负责人员
筹备期	6月1—5日	对志愿者进行安排 购买所需物资 联系老年人家属	1. 物资清单表 2. 家属联系表 3. 志愿者安排表	策划组组长

续表

时期	时间	内容	所需物资	负责人员
执行期	6月7日	见活动当天流程表	—	—
总结期	6月7日	活动结束宣传——发布新闻稿,对活动进行总结	素材、照片	宣传组组长

4. 活动当天流程

活动当天流程见表4-13。

表4-13 活动当天流程

阶段	内容及时间	物资清单	人员配备	总时长/min
第一阶段	9:00—9:05 主持人宣布活动开始并介绍到场院领导 9:05—9:15 音乐照顾带动气氛 9:15—9:20 介绍活动目的和流程	1. 话筒2个 2. 主持稿 3. 音响 4. 音乐照顾歌曲(《星星与爱丽丝》)	1. 主持人2名 2. 志愿者若干名	20
第二阶段	9:20—9:25 发放水彩笔 9:25—9:30 主持人介绍彩绘方式、展示成品 9:30—10:10 志愿者协助老年人及家属开始彩绘	1. 水彩笔 2. 鸭蛋 3. 彩绘模型若干份 4. 现场桌椅若干套 5. 果盘、矿泉水 6. 湿巾、纸巾	1. 志愿者:发放水彩笔3人,彩绘协助者若干名 2. 主持人2名	50
第三阶段	10:10—10:15 主持人进行活动总结	主持稿	主持人2名	5
第四阶段	10:15—10:30 主持人宣布活动结束,志愿者护送老年人回房间并引导其家属离场	1. 主持稿 2. 指示牌	1. 志愿者:护送老年者若干名,清扫现场者若干名 2. 主持人2名	15

(六)预计困难及解决措施流程图

预计困难及解决措施流程如图4-1所示。

(七)活动组织部门及人员

主办单位:老年康疗院。

承办方:×××。

活动负责部门:照护部/社会服务部。

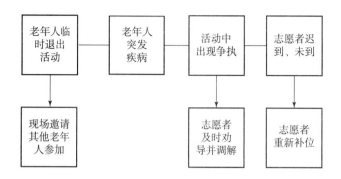

图4-1 预计困难及解决措施流程

活动负责人：××。

活动协助人员：各科室负责人/照护组长、社工部工作人员及30名志愿者。

详细人员分工见表4-14。

表4-14 详细人员分工

序号	组别	人员	工作内容	形成文档	完成时间
1	导演组	护理组××（组长） 社工部××	1. 负责全场指导与调控 2. 制作人员分工表 3. 对接表演人员	节目单	5月30日
2	装饰组	后勤组××（组长） 社工部×× 志愿者：6名	1. 悬挂横幅 2. 制作指示牌 3. 使用气球、彩带布置现场	1. 物资清单表 2. 装饰现场图	6月7日
3	接待组	后勤组××（组长） 社工部×× 志愿者：4名	陪同老年人入场、退场	参与者签到表	6月6日
4	秩序维护组	社工部×× 志愿者：8名	维护内场秩序	—	6月7日
5	主持组	志愿者：2名	现场主持	主持稿	6月4日
6	机动组	社工部×× 志愿者：人数视情况而定	1. 观察者、记录者 2. 购买物资 3. 拍照 4. 打扫会场	1. 物资清单表 2. 观察表 3. 拍摄照片	6月4—7日

(八)活动预算

活动预算见表4-15。

表4-15 活动预算

项目名称		端午携手绘,色彩展民俗	
机构名称		老年康疗院	
活动预算及计算过程			
预算编号	项目活动	标准及数量详细说明	预算总金额/元
1	机构调研	—	—
(1)	机构调研交通费	40.75元/人×6	244.50
(2)	调研材料打印费	—	8.00
	小计	—	252.50
2	端午节活动	—	—
(1)	横幅	40.00元/条×1	40.00
(2)	气球	0.20元/个×100	20.00
(3)	水果和零食	—	200.00
(4)	彩带	6.00元/卷×2	12.00
(5)	彩蛋	1.59元/个×50	79.00
(6)	扇子	2.50元/把×70	175.00
(7)	交通费	—	—
	小计	—	526.00

(九)附录

1. 家属接待方案

家属接待内容见表4-16。

表4-16 家属接待内容

序号	地点	志愿者	工作
1	内三科大厅	2名	引导老年人进出活动现场
2	1楼电梯口	1名	告知护工活动地点
3	营养科外场出口	2名	安排老年人离开活动现场

2. 活动现场示意

活动现场示意如图4-2所示。

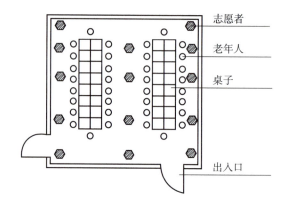

图4-2 活动现场示意

(2) 以"重阳节之敬老爱老"活动为例,详细介绍节日庆典活动的策划组织过程。

重阳节之敬老爱老

(一) 活动背景

丹桂飘香,金菊怒放。你是否还依稀记得当年"人生亦老天难老,岁岁重阳。今又重阳,战地黄花分外香"的那份豪情,或是"独在异乡为异客,每逢佳节倍思亲"的那份思念。2019年10月7日,我们又迎来了一年一度的传统节日"重阳节"。在这个特别的日子里,我们敬老养老中心全体职工及赞助商等怀揣着让老年人"心生欢喜,久住不厌"的期盼,让他们不再孤独,让他们知道这里就是家,这里有爱,有我们,敬老养老中心入住的老年人全都是××区的"五保三无"老年人,希望通过此次"重阳节之敬老爱老"主题活动让在院老年人感受到家的温暖。

(二) 活动目标和意义

1. 总目标

希望通过本次活动让入住的老年人感受到幸福与开心。虽然敬老养老中心的设施很完善,入住的老年人衣食无忧,也有专业的工作人员照顾,但是他们最需要的还是亲人的关爱。本次活动虽然不能从根本上给他们带来心理安慰,但能帮他们解闷,给他们带来快乐。

2. 分目标

院内老年人参与率达到70%;参与活动的老年人对活动的满意度达到90%。

3. 活动意义

通过此次"重阳节之敬老爱老"主题活动,让院内老年人共同度过一个难忘的、有意义的集体活动,丰富他们在敬老养老中心的生活,在参与活动的过程中得到幸福感与满足感。

(三）活动时间和地点

1. 活动时间

2019年10月7日。

2. 活动地点

敬老养老中心活动室。

(四）参与对象

入住敬老养老中心的老年人及其家属。

(五）活动简介

本次活动主要以"重阳节之敬老爱老"为主题举办汇演活动。活动所需物资主要有气球、彩带、横幅、海报、话筒、音响、投影设备、透明胶带、剪刀、彩灯、服装、鲜花、其他相关道具等。

(六）活动流程

1. 活动筹备安排

活动筹备安排见表4-17。

表4-17 活动筹备安排

序号	活动时间	具体内容
1	9月20—23日	1. 与福利中心商讨活动内容，确认相关事项 2. 撰写策划方案
2	9月24—25日	1. 与院领导商量活动流程 2. 修改第一版策划方案
3	9月26—27日	1. 召开会议，讨论人员分工 2. 修改第二版策划方案，确定策划方案
4	9月28日—10月3日	1. 寻找赞助商 2. 制作海报、横幅
5	10月4—5日	1. 采购物资，租用服装道具 2. 排练节目 3. 提前在敬老养老中心进行活动宣传
6	10月6日	1. 布置场地 2. 进行活动彩排
7	10月7日	活动举办当天，见活动当天流程表
8	10月8日	后期总结

2. 活动当天流程

活动当天流程见表4-18。

表 4-18 活动当天流程

序号	活动流程	活动时间	活动内容	活动道具	负责人
1	布置场地	8:30—9:00	检查电源、灯光、设备是否到位	1. 音响 2. 投影仪 3. 话筒 4. 椅子	全体员工
2	人员入场	9:00—9:20	敬老养老中心全体老年人及工作人员来到活动现场	—	××
3	活动开始	9:20—9:30	主持人宣布活动开始,福利中心领导致辞	话筒	行政部
4	开场歌曲	9:30—9:40	《九月九的酒》	1. 话筒 2. 音乐伴奏:《九月九的酒》	后勤部
5	小品	9:40—9:55	《每逢佳节倍思亲》	道具	后勤部
6	合唱歌曲	9:55—10:10	《唱支山歌给党听》	1. 话筒 2. 音乐伴奏:《唱支山歌给党听》	××
7	太极、书法展示	10:10—10:30	现场写书法,太极团队展示	1. 笔墨纸砚 2. 太极服装	××
8	合唱	10:30—10:35	五人合唱《十送红军》	1. 话筒 2. 音乐伴奏:《十送红军》	后勤部
9	游戏互动	10:35—10:50	击鼓传花游戏,播放《相亲相爱》背景音乐,给所有参与活动的老年人送上康乃馨	1. 道具:鲜花 2. 音乐:《相亲相爱》	全体员工
10	活动结束	10:50—10:55	主持人宣布活动到此结束		行政部
11	恢复场地	10:55—11:05	还原场地设备,护送老年人回房间	—	全体护工

(七)活动宣传

活动宣传方式和内容见表 4-19。

表 4-19　活动宣传方式和内容

宣传方式	宣传时间	宣传地点	宣传内容	宣传制作
横幅宣传	2019年10月4日下午	敬老养老中心1楼	活动时间、活动地点及活动内容	敬老养老中心
手绘海报宣传	2019年10月5日下午	敬老养老中心1楼、活动室		业务部、行政部
口头宣传	随时	敬老养老中心		敬老养老中心全体员工

（八）风险评估及解决方案

现场工作人员密切注意现场情况，力争将所有突发事件控制在可控范围内。

1. 活动前期问题

（1）若参演人员因特殊情况不能到场参加表演，则视为主动放弃表演；若不能及时到场，则根据实际情况调整出场顺序。此外，还应提前准备替补演出人员。

（2）提前半天布置会场并进行各个环节的检查。活动整体筹备组在活动开始之前半天进行最后确认，防止活动当天出现差错。场地租借以及设备保障组在活动前对设备进行多次调试。活动开始前3天落实好相关负责人员并发送邀请函。活动应安排一名后备人员，以防负责人因事不能参加活动而影响整个活动进程。

2. 活动现场突发问题

（1）若音响、话筒等设备出现故障，立即通知相关设备负责人对设备进行调整。若音响等设备短期无法使用，由主持人活跃现场气氛。与此同时，联系工作人员处理，若不可恢复，则使用备用设备，以确保当天活动顺利进行。

（2）由赞助单位××医院组建一个医疗小组，组员设定为5人，提前准备医用药品（如创可贴、纱布、云南白药、藿香正气水等）以及各种常见仪器（如血压计、体温表等），以防意外事故的发生。

（3）若现场突然停电，先安排秩序维护人员安抚现场老年人的情绪，以免发生事故。再派工作人员检查电闸，确定全场停电是否与跳闸有关。若停电情况属实，则安排工作人员疏散现场老年人，择日再举办活动。

（4）若在老年人进场或者离场时发生拥挤，甚至踩踏事件，由现场秩序维护小组立即出面进行秩序维护。如果活动进行中会场出现秩序混乱等情况，后勤人员应马上维持秩序，保证活动的有序进行。

（5）若在活动进行中有参演人员发生肢体冲突，应立即通知相关工作人员及时制止双方的冲动行为，并进行调解。

（6）应先迅速判断各类突发事件的性质，再根据事件性质及时向活动负责人或者机构负责人汇报并及时处理。

3. 不可抗力因素

假如发生暴雨及狂风等突发情况，首先稳定现场秩序，然后指导现场的老年人有序离开。若遇到自然灾害，如地震等，活动负责人应马上组织现场的老年人离开。

(九)活动预算

活动所需的彩带、活动装饰品、服装道具等物品由业务部准备,活动预算(表4-20)共计210元;活动所需的横幅、瓜子、花生、水果、鲜花及礼品由敬老养老中心准备,未计入预算范畴。

表4-20 活动预算

活动主题	重阳节之敬老爱老			
时间	2019年10月10日			
申请人	业务部××			
物品	单价/元	数量	小计/元	备注
彩带(91米)	15.00	2卷	30.00	装饰需要
横幅	—	—	—	由养老中心提供
活动装饰品	3.00	10袋	30.00	装饰需要
瓜子、花生、水果、鲜花	—	—	—	由养老中心提供
抽纸、洗衣液	—	—	—	老年人礼品
服装道具租赁	15.00	10件	150.00	活动需要
合计/元	210.00			

(3)以"红色七月,重温芳华——暨集体生日会"为例,详细介绍节日庆典活动的策划组织过程。

红色七月,重温芳华
——暨集体生日会

(一)活动背景

在这个骄阳似火的6月,我们即将迎来党的第98个生日。在党的带领下,人民生活富足,社会和谐安康,但也存在一些问题,如人口老龄化加剧,老年人精神文化活动不足等。是以在养老中心举办丰富的、有意义的活动,以满足老年人的精神需求。恰逢七一建党节临近,××养老服务中心与入住老年人共同庆祝党的生日,这同时也是入住老年人6月集体生日会,我们将邀请入住老年人的家属一起重温芳华岁月。

(二)活动目标和意义

1. 总目标

希望通过本次活动入住老年人能够感受到幸福与开心,增加他们之间的亲密度,丰富他们的生活。让入住老年人共同度过一个有意义的、难忘的生日会。在活动中团队成员能得到充分的锻炼,能提高沟通能力、思考能力、协作能力和处理问题的能力。

2. 分目标

入住老年人参与率达到90%;参与活动的老年人对活动的满意度达到90%。

3. 活动意义

通过本次"红色七月,重温芳华——暨集体生日会"主题活动,入住老年人能够共同度过一个难忘的、有意义的集体生日会,能够丰富他们的生活,让他们在参与活动的过程中得到幸福感与满足感。

(三) 活动时间、地点

1. 活动时间

2019 年 6 月 28 日。

2. 活动地点

××养老服务中心。

(四) 参与对象

××养老服务中心入住老年人及其家属。

(五) 活动简介

本次活动是围绕红色七月开展的庆祝建党 98 周年"党建月"主题活动。活动内容主要是观影和观看歌舞表演。通过本次活动,丰富中心内入住老年人的生活,带领他们感悟生命的精彩,提升他们的满意度与幸福感。所需物资有气球、彩带、横幅、海报、话筒、音响、投影仪、透明胶带、剪刀、彩灯、邀请函。

(六) 活动流程

1. 活动概况

活动概况见表 4-21。

表 4-21 活动概况

序号	节目名称	负责人
1	播放视频	社工 1
2	最美和声	社工 2
3	看图猜物	社工 3
4	音乐照顾	社工 4
5	生日蛋糕	社工 1

2. 活动筹备安排

活动筹备安排见表 4-22。

表 4-22 活动筹备安排

序号	活动时间	具体内容
1	5 月 20—31 日	1. 探访养老服务中心 2. 撰写策划方案
2	6 月 1—6 日	1. 召开小组会议 2. 修改第一版策划方案

续表

序号	活动时间	具体内容
3	6月7—9日	1. 探访养老服务中心并与养老服务中心负责人讨论活动方案 2. 召开小组会议并讨论人员分工 3. 修改第二版策划方案
4	6月10—15日	1. 招募志愿者 2. 制作海报和横幅
5	6月15—26日	1. 采购物资 2. 排练节目 3. 提前在养老中心进行活动宣传
6	6月27日	1. 召开小组会议 2. 场地布置 3. 活动彩排
7	6月28日	举办活动
8	6月29日	后期总结

（七）招募及宣传

1. 活动参与者招募

（1）活动招募对象：××养老服务中心全体老年人。

（2）活动招募方式：在养老服务中心内发布通知，制作宣传海报。

（3）活动宣传方式及内容见表4-23。

表4-23　活动宣传方式及内容

宣传方式	宣传时间	宣传地点	宣传内容	宣传制作
横幅宣传	6月21日下午	××养老服务中心4楼活动室	活动时间、活动地点及活动内容	护理部
手绘海报宣传	6月22日下午	××养老服务中心3楼、4楼		社工部
口头宣传	随时	××养老服务中心		社工部

2. 活动志愿者招募

（1）活动招募对象：高校学生。

（2）活动招募要求：有爱心，工作认真负责；性格开朗，有耐心，善于与老年人相处、沟通；遵纪守法、服从分配；具有奉献精神，吃苦耐劳，自愿加入志愿者队伍。

（3）活动招募方式见表4-24。

表4-24 招募方式

招募方式	招募对象	招募发布地点	招募内容	招募制作方
微信公众号	表演人员	公众号	招募对象，招募要求，活动举办时间、地点及活动流程	活动小组
群消息	高校爱心志愿者	志愿者群		
电子海报				
口头宣传				

(八) 活动预算

活动所需的红色、金色气球，气球小支架、气球中支架、气球大支架，红色、香槟金色彩带，邀请函，手绘海报，电子海报等物品由社工部准备，预算共计193.80元；活动所需横幅、瓜子、花生、水果拼盘及蛋糕、小彩灯由养老服务中心准备，未计入预算范畴，详见表4-25。

表4-25 活动预算

物品	单价/元	数量	总价/元	备注
红色、金色气球	0.45	70个	31.50	社工部准备
气球小支架	11.80	2个	23.60	可重复利用
气球中支架	12.80	2个	25.60	
气球大支架	13.80	2个	27.60	
红色彩带（91米）	15.00	1卷	15.00	社工部准备
香槟金色彩带（22米）	2.50	1卷	2.50	社工部准备
横幅	—	—	—	养老服务中心准备
邀请函	0.58	100张	58.00	社工部准备
手绘海报纸（宽787毫米，长1 092毫米）	5.00	2张	10.00	小组绘制
电子海报	—	—	—	小组制作
瓜子	—	—	—	养老服务中心准备
花生	—	—	—	养老服务中心准备
水果拼盘	—	—	—	养老服务中心准备
蛋糕	—	—	—	养老服务中心准备
小彩灯	—	—	—	养老服务中心准备
总计			193.80	

（九）附录

活动当天流程见表4-26。

表4-26 活动当天流程

序号	活动流程	活动时间	活动内容	活动道具	负责人
1	布置场地	8：00—8：30	检查电源、灯光、设备是否到位	1. 插线板 2. 投影仪 3. 话筒 4. 板凳	社工1
2	人员入场	8：30—9：00	××养老服务中心全体老年人及工作人员来到活动现场	—	社工2
3	活动开始	9：00—9：05	主持人宣布活动开始，中心领导讲话	话筒	社工3
4	播放视频	9：05—9：09	播放中国近几十年发展状况视频	1. 视频文件 2. 投影仪 3. 音响	社工1
5	最美和声	9：09—9：13	1. ××与老年人合唱《月亮代表我的心》 2. 为两位演唱者送上鲜花	1. 话筒 2. 音乐伴奏	社工1、社工2
6	看图猜物	9：13—9：18	主持人向老年人介绍看图猜物的游戏规则。游戏规则：活动负责人向活动参与者（现场所有人员）展示图片，活动参与者根据图片内容快速猜出答案	1. 话筒 2. PPT 3. 五份奖品	社工1
7	音乐照顾	9：18—9：24	社工部员工带领全体老年人一起做音乐照顾	1. 话筒 2. 音乐伴奏	社工部
8	合影留念	9：24—9：27	合影留念	摄像机	社工部
9	生日会	9：27—9：35	1. ××推出蛋糕，全体人员为过生日的老年人齐唱生日歌 2. 切好蛋糕并分发给所有老年人	1. 生日蛋糕 2. 音乐伴奏	社工1
10	活动结束	9：35—9：40	主持人宣布活动到此结束	—	社工1
11	恢复场地	9：40—9：45	1. 还原场地设备 2. 护送老年人回房间	—	社工部

（4）以"寿比南山不老松——××养老护理中心11月老年人生日会"为例，详细介绍节日庆典活动的策划组织过程。

寿比南山不老松
——××养老护理中心11月老年人生日会

（一）活动背景

生日是纪念一个人诞生到这个世界的开始，是新生命不断成长的记录。生日是日常中不平常的一天，××养老护理中心坚持每月为入住老年人举办集体生日联欢会，弘扬尊老敬老的传统美德，传递爱的接力棒。举办生日会可以为老年人带去精神关怀和物质支持，排除他们内心的孤独感；关注老年人心理健康，利用活动提升养老服务质量，增强入住老年人的幸福感，让他们感受"哺恩养老"的服务理念。

（二）活动目标

帮助新入住老年人适应集体生活；帮助新入住老年人与养老护理中心员工相互认识，加强他们之间的沟通与了解，提高他们对养老护理中心的归属感和认同感。

（三）活动内容

1. 活动主题

寿比南山不老松——××养老护理中心11月老年人生日会。

2. 活动时间

2019年11月3日15：00—16：30。

3. 活动场地

××养老护理中心二楼活动室。

4. 活动对象

××养老护理中心所有入住老年人、家属、生活管家、快乐管家、健康管家等。

5. 预计人数

预计参加活动的人数为70人。

6. 活动流程

活动流程见表4-27。

表4-27 活动流程

序号	流程	时间	具体内容	活动道具	负责人	备注
1	人员入场	14：30—14：55	1. 通知工作人员带领老年人入场 2. 工作人员入场	—	护理员、××	再次通知入住老年人前来参加活动
2	主持人就位	14：55—15：00	1. 主持人宣布活动开始 2. 营造活动气氛	—	××	主持人准备好主持词
3	兔子舞	15：00—15：10	1. 介绍兔子舞 2. 鼓励工作人员参与	1. 音响 2. 音乐 3. 服装	××	暖场活动：工作人员与表演者一起跳兔子舞

续表

序号	流程	时间	具体内容	活动道具	负责人	备注
4	歌曲串烧	15:10—15:25	鼓励全场人员一起合唱	1. 音响 2. 音乐	××	老年人与志愿者带来合唱
5	生日会庆祝环节	15:25—15:50	1. 唱生日歌 2. 寿星许愿 3. 分蛋糕	生日蛋糕	××	防止老年人噎食
6	舞蹈表演	15:50—16:00	由工作人员带来经典舞曲《夜上海》	1. 音响 2. 音乐 3. 服装	××	—
7	武术表演	16:00—16:15	老年人与工作人员一起进行武术表演	1. 音响 2. 剑 3. 音乐	××	—
8	活动结束	16:15—16:20	1. 宣布生日会结束 2. 组织老年人退场	—	××	注意退场秩序，防止发生踩踏事件
9	还原场地	16:20—16:30	1. 还原场地桌椅 2. 归还借用物品	—	××	活动结束后还原场地，清点物资，清理垃圾

（四）风险评估及解决方案

1. 风险评估

活动参加者人数不足，活动表演节目数量太少，老年人的安全问题，活动现场的秩序问题。

2. 解决方案

提前联系生活管家、快乐管家进行活动动员；提前开展活动宣传，吸引养老护理中心内入住老年人参与，工作人员准备备选节目；行动不便的老年人可于活动结束后单独进行探访慰问；提前做好现场布置及人员的分工准备工作；提前规划好紧急逃生路线，避免发生意外事故。

（五）活动预算

活动预算见表4-28。

表4-28 活动预算

序号	物品	单价/元	数量	金额/元	备注
1	气球	5.00	2袋	10.00	养老活动中心准备物资
2	彩带	4.00	2卷	8.00	
3	音响	—	1个	—	
4	话筒	—	2个	—	
5	生日蛋糕	200.00	1个	200.00	
6	海报	100.00	1幅	100.00	
7	服装租赁	20.00	10套	200.00	
	费用合计	—	—	518.00	

(5) 以"父爱无声,真情永恒"活动为例,详细介绍节日庆典活动的策划组织过程。

父爱无声,真情永恒

(一)活动背景

对长期在养老机构中生活的老年人来说,那里已经成为他们晚年生活的主要场所,其中的部分老年人缺少来自家庭的关爱与支持,且有一部分老年人希望机构能够组织多种多样的娱乐活动。恰逢父亲节,机构计划开展以"父爱无声,真情永恒"为主题的活动。借此活动为机构入住老年人及其家属搭建情感沟通的平台,丰富他们的精神生活。

(二)活动时间、地点

活动地点:××养老机构。

活动时间:父亲节当天10:00—11:30。

(三)活动目的

以父亲节为契机,开展"父爱无声,真情永恒"系列活动。一方面,表达对机构入住老年人的关爱;另一方面,为老年人及其家属搭建一个情感沟通的平台,让他们度过一个温馨快乐的父亲节。

(四)活动内容

1. 参与对象

××养老机构全体入住老年人。

2. 活动安排

活动安排见表4-29。

表 4-29 活动安排

活动事项	任务分解	内容	负责人	时间
前期宣传、招募、联系、邀请	宣传资料的准备	绘制海报、制作邀请函和感谢信等	工作人员1	提前一周
	在常住老年人中进行活动宣传	寻找自理能力相对良好的老年人，逐一走访、邀请	工作人员2	提前一周
	联系参与活动的老年人的家属	获取愿意参与活动的老年人家属的联系方式，充分动员他们参与其中，收集相关的祝福素材	工作人员3	提前一周
前期物资采购	列出物资清单	列出相应的物资清单，按照清单购买相应物资	工作人员4、工作人员5	提前三日
开心魔方	手工魔方的制作	由工作人员利用硬纸壳、透明胶带做3个六边形的骰子，长宽均为40厘米，在每一面贴上事先打印好的图片，方便投掷	工作人员1	提前三日
魔力套圈圈	准备圆圈材料与盆栽，进行测试	确定好圆圈大小，摆放好盆栽，测试难易度	工作人员2	提前三日
爱的视频	视频剪辑	将老年人家属提前录制好的视频剪辑好，便于活动当天播放	工作人员3	提前三日

（五）招募及宣传

1. 走访及口头宣传

对行动相对方便的老年人进行活动的前期宣传，给参加活动意愿较强的老年人分发手工邀请函。

2. 通信宣传

工作人员联系参加活动老年人的家属，进行宣传动员，收集相应的祝福素材（提前告知对方，获得允许后再收集相关素材）。

3. 电子主题海报宣传

将绘制好的电子海报打印出来，提前一周张贴在机构宣传栏处。

（六）活动流程

活动流程见表 4-30。

表 4-30 活动流程

序号	具体流程	活动分解	内容	负责人
1	准备工作	装饰现场	用气球装饰现场，帮老年人戴好发箍	工作人员1
2	开场词	主持人介绍活动流程	介绍活动意义、目的、活动内容、活动注意事项，并分发活动道具	主持人（10分钟）

续表

序号	具体流程	活动分解	内容	负责人
3	活动开始	开心魔方	参加活动的老年人两两组合，有秩序地投掷魔方，按照魔方最上面的表情或动作进行模仿。两人共投掷3次，工作人员拍照，选取最好的一张照片放在照片墙上展示	工作人员2（30分钟）
		魔力套圈圈	工作人员为每位老年人发放3个圆圈，即3次机会。工作人员维持秩序，将盆栽提前摆放好，调近距离。老年人开始套圈，只要触碰，即可获得盆栽	工作人员3（30分钟）
		爱的视频	播放视频，并配上字幕与背景音乐	工作人员4（15分钟）
4	分享感悟	邀请老年人上台分享感悟	观看视频后，可邀请2~4名老年人上台分享感悟	主持人（10分钟）
5	结束语	总结活动	表达对所有参加活动者的感谢，对活动进行简单的总结，全体人员合影	主持人（10分钟）

（七）风险评估及解决方案

1. 风险评估

（1）活动组织。

工作人员是否安排到位，是否出现临时变动情况，活动内容的衔接是否合理。

（2）活动对象。

能否找到合适的活动参与者，他们的积极性如何。

（3）时间安排。

活动当天的时间分配是否合理。

（4）其他方面。

①老年人及其家属不支持活动。

②联系不到个别老年人家属。

③活动现场出现老年人情绪失控等情况。

④老年人在活动过程中出现不适，如突然晕倒等。

2. 解决方案

（1）活动组织。

为了保证活动的顺利开展，工作人员在小组内部多进行沟通和交流，将每项工作落实到人，使每个环节都有专门的负责人。

（2）活动对象。

做好前期的宣传和动员工作。

(3) 时间安排。

充分利用有效时间，做好各方面的协调、沟通与配合工作，合理安排时间。

(4) 其他方面。

①前期和老年人多进行沟通和交流，建立互相信任的关系；注意与老年人家属的沟通技巧，争取让更多家属参加活动。

②对联系不到家属的老年人，工作人员要注意关注他们的失落情绪。

③在活动的开展过程中，要注意观察现场老年人的情绪状态，遇到情绪反应过于强烈的老年人，要及时安抚。

④活动时，医护人员应全程陪护，确保老年人的人身安全。

（八）活动预算

活动预算见表4-31。

表4-31 活动预算

预算项目	子项目	项目活动	标准及数量详细说明	使用明细	预算总金额/元
1. 活动开展	（1）	打印图片	打印纸1.00元/张×18张	游戏道具	18.00
	（2）	打印电子海报	打印海报3.00元/张×2张	活动宣传	6.00
	（3）	活动盆栽	盆栽3.00元/盆×30盆	游戏道具	90.00
	（4）	活动横幅	横幅7.00元/米×3米	活动宣传	21.00
	（5）	活动装饰	气球13.88元/袋×2袋	场地装饰道具	27.76
	（6）	活动装饰	发箍2.30元/个×23个	游戏道具	52.90
	（7）	手工材料	卡纸0.55元/张×40张	活动手工制作材料	22.00
	（8）	活动圆圈	荧光棒0.2元/根×100根	游戏道具	20.00
	小计	—	—	—	257.66
2. 弹性费用	注：此项为弹性费用，以备不时之需				100.00
总计			—		357.66

（三）志愿类活动示例

1. 什么是志愿类活动

志愿服务是指单个人在不计物质报酬的情况下，基于道义、信念、良知、同情心和责任，为改进社会而贡献个人的时间、精力和技术特长而提供的服务。老年人志愿类活动则特指老年人作为志愿者自愿并积极参与社会事务、公共事务，服务社会，为社会贡献自己的一份力量。老年人，尤其是退休后的老年人，闲暇时间较多，经济压力较小，虽然身体状况有所下滑，但丰富的生活阅历与专业知识成为他们独特的优势。如果把这份优势运用到志愿类活动中，不仅能发挥人力资源的最大效用，而且有利于老年人的身心健康，还能促进国家老龄化事业的积极发展。

2. 志愿类活动的特点

老年人志愿类活动有如下特点。

（1）兼具综合性与专业性。

老年人志愿类活动的开展主要以老年人丰富的生活阅历和经验储备为背景，把老年人的知识和经验综合运用到社会事务中。如此一来，该活动的内容包罗万象，呈现出综合性特点。此外，许多老年人在工作岗位或者某一兴趣爱好上专注了几十年，大多拥有一技之长，这使老年人志愿类活动呈现专业性特点。综合性与专业性兼具是老年人志愿类活动的独特优势。

（2）助人与助我动机并行。

老年人志愿类活动的开展具有其他社会活动不具备的广泛而深远的意义和价值。一方面，老年人通过力所能及地参与社会事务，发挥余热，帮助他人；另一方面，老年人参与志愿类活动，还能结识一些老年朋友，打发闲暇时光，丰富业余生活。老年人通过奉献社会获得精神上的满足和自己仍"有用"的感觉，能够更好地发展自我。

（3）不稳定性。

老年人志愿类活动的开展需要以健康的身体为基础，老年人自身条件的好坏直接影响老年人志愿类活动能否顺利开展。如果老年人身体状况不好，参与志愿类活动时也会有心无力。经济条件的好坏也会影响老年人是否参与志愿类活动。基于这些条件的限制，老年人志愿类活动的开展呈不稳定性。

（4）以低龄老年人为主。

低龄老年人大多离开工作岗位时间不长，身体机能的衰退不严重，腿脚灵便，头脑清晰，且拥有空闲时间和精力，家务负担又不重，所以更愿意做些力所能及的事来奉献社会，发挥余热。特别是对一些低龄空巢老年人来说，参与志愿服务更是其心灵上的一种寄托。

3. 志愿类活动的策划思路与组织要点

老年人志愿类活动以老年人为主要参与者，故其策划思路与组织要点一般有以下几点。

（1）明确活动目标。

目标决定方向，老年人志愿类活动的目标大多是发挥老年人的生活阅历和经验优势，实现其价值，增强其成就感和获得感。

（2）活动主题的匹配度。

志愿类活动的主题应与老年人的兴趣、身心状况等一致，活动内容旨在提高老年志愿者的参与度，增强其归属感；激发老年人的潜能，最大限度地实现老年人作为志愿者的价值。

（3）细化活动方案。

老年人志愿类活动，因参与主体的特殊性，活动方案应尽量细化，将一切可能的情况罗列出来，并准备一系列解决方案和备选方案，以保证志愿类活动高质量地完成以及从容应对突发事件。

（4）以尊重老年志愿者的特点和需求为基本原则。

尊重老年人的特点，全面了解老年志愿者的基本情况，如健康状况、兴趣特长等。优化老年志愿者的资源配置，针对不同的老年志愿者采取不同的沟通策略，满足老年志愿者的需求，以体现对老年志愿者的尊重。

4. 志愿类活动在执行中的注意事项

老年人作为志愿者参与具体活动时，在活动执行中应注意以下几点。

（1）志愿类活动的开展要充分考虑老年人的身体条件和精神状态，要以适合老年人的节奏来安排活动，任务量和时间都要合适，还要给老年志愿者留出充足的准备时间。

（2）志愿类活动多以低龄老年人为主，他们在原单位或家庭中有一定的话语权和决定权。因此，志愿类活动应充分考虑每个老年志愿者的过往经历，还要及时了解他们对活动内容的感受，对活动中出现的一些不合适的地方要及时调整，以提高老年志愿者的归属感和参与积极性。

（3）如果老年志愿者因突发身体不适等情况不能按时参与活动，主办方应有预案与替换人选，以保证志愿类活动的顺利进行。

（4）应深入了解老年志愿者的身心发展规律，对他们的能力进行准确评估，调动他们参与活动的积极性，保证他们有良好的情绪。

5. 具体活动示例

以"学习志愿者，争做志愿人"志愿精神宣讲活动为例，详细介绍老年人志愿类活动的策划组织过程。

学习志愿者，争做志愿人

（一）活动背景

每年的12月5日是联合国规定的"国际志愿人员日"。1970年，联合国志愿人员组织正式成立，它的成立宗旨是动员具有奉献精神并有一技之长的志愿人员，帮助发展中国家尽快实现其发展目标。2011年4月26日，由共青团中央等单位发起的中华志愿者协会在北京成立。中国的志愿者从此在全国各地开展行动。

（二）活动目标和意义

1. 总目标

以"国际志愿人员日"为契机，向社工宣传志愿者相关知识，加强社工对志愿者及志愿者组织的理解；通过志愿者培训，增强理论知识的学习，带动社工以更积极的态度参与志愿者事业。

2. 分目标

通过"国际志愿人员日"学习活动的举行，促进社工对志愿者工作的积极性，未来努力做好志愿者工作。

3. 活动意义

2017年12月5日是第32个"国际志愿人员日"，为学习贯彻党的十九大精神，大力弘扬"奉献、友爱、互助、进步"的志愿精神，组织动员广大社区志愿者踊跃投身社会公益事业，积极打造志愿服务品牌，通过开展形式多样、健康有益的社会公益志愿服务活动，社区居民争当志愿者。

(三) 活动时间、地点

活动时间：12月5日14：00—16：00。

活动地点：××社区会议室。

(四) 参与对象

××社区在职工作人员及社区党员。

(五) 活动简介

1. 活动主题

学习志愿者，争做志愿人。

2. 活动目的

弘扬"奉献、友爱、互助、进步"的志愿精神；传播志愿文化，学习志愿精神；在现实生活中实践学习到的志愿精神。

3. 活动内容

活动内容见表4-32。

表4-32　活动内容

活动项目	活动内容
忆往昔	讲解"国际志愿人员日"的由来
论回忆	志愿者活动小故事分享和照片展示
学知识	志愿者相关理论知识讲解
比高低	分小组进行知识竞赛，分必答题和抢答题。必答题每人轮流作答；抢答题谁先举手谁先作答。答对1题得1分，答错1题扣2分
论英雄	主持人核算成绩并公布结果，颁发奖品，合影留念

4. 所需物品

话筒、白板、油性笔、奖品（钢笔、牛皮笔记本、普通笔记本）。

(六) 活动流程

活动流程见表4-33。

表 4-33 活动流程

序号	活动时间	活动地点	活动方式
1	14：00—14：10	××社区会议室	主持人讲解
2	14：10—14：30		参与活动的工作人员讲述和展示
3	14：30—15：10		主持人播放幻灯片上
4	15：10—15：50		老年人答题
5	15：50—16：00		主持人公布知识竞赛结果，分别给第一名、第二名和第三名颁发奖品

（七）招募及宣传

1. 招募方式

公开招募、自愿报名，按报名的先后顺序录取志愿者，共招募12人。

2. 宣传方式

在工作群里发布活动信息，请社区主任帮忙宣传。

3. 宣传地点

本社区办公室（由活动策划人负责安排）。

（八）风险评估及解决方案

活动风险评估及解决方案见表4-34。

表 4-34 活动风险评估及解决方案汇总

风险评估	解决方案
在活动准备前期，购买开展活动的物资经费超额	制定详细的预算表将需要的物资和材料等囊括进去，减小经费误差
在抢答环节，可能因为抢答问题发生争执	重新举手或者听取所有在场人员的意见，选最先举手的人回答问题
在发放奖品的时候，可能由于挑选奖品而发生争抢	由社区主任发放奖品，不可挑选或更换

（九）活动预算

活动预算见表4-35。

表 4-35 活动预算

序号	名称	单价/元	数量	总价/元
1	英雄牌钢笔	30.00	4支	120.00
2	牛皮笔记本	12.00	4个	48.00
3	普通笔记本	3.50	4个	14.00
	共计			182.00

（十）附录

活动物资清单如表 4-36 所示。

表 4-36 活动物资清单

序号	名称	数量	备注
1	话筒	1 个	已有
2	白板	1 块	已有
3	油性笔	1 支	已有
4	英雄牌钢笔	4 支	需要购买
5	牛皮笔记本	4 个	需要购买
6	普通笔记本	4 个	需要购买

（四）游戏、竞赛类活动示例

1. 什么是游戏、竞赛类活动

竞赛是指在生产生活中，以个人或集体的名义参加，依据制定的规则，比较本领、技艺、能力的强弱。竞赛活动旨在激发潜能，产生强烈的感官刺激和情感体验。有些人认为老年人不适合参加竞赛类的活动。这种观念是狭隘的，我们不能采用阉割式的方式对待竞赛类活动。尽管事实上确实有一些老年人因为身体原因不宜参加激烈的竞赛活动，但是经过对游戏的设计和改编后，他们完全能够克服这一困难。游戏、竞赛类活动的主要目的是丰富生活，促进健康，延缓衰老，预防某些老年疾病。

老年人游戏、竞赛类活动大致可分为棋牌类、知识竞赛类、体育活动类、文艺竞赛类。

2. 游戏、竞赛类活动的特点

针对老年人的特征，老年人游戏、竞赛类活动具有规则性、可重复性、简易性等特点。

（1）规则性。

公平是游戏、竞赛类活动的目标。该类活动的规则可由参赛老年人共同制定，也可由组织者制定，但是制定以后不可更改，并强调规则的重要性，还应注重比赛的公平。

（2）可重复性。

游戏、竞赛类活动本就是经过重复和长期的练习以达到新的高度。部分接受新鲜事物能力下降的老年人，通过反复练习同一项任务能够获得成就感；同时，对增强身体机能也很有好处。

（3）简易性。

老年人游戏、竞赛类活动的参与主体是老年人。虽然老年人阅历丰富，但是身体机能下降。因此，该类活动的动作和程序都要简化，让老年人容易完成，从而获得参与感和愉

悦感。

3. 游戏、竞赛类活动的策划思路与组织要点

（1）成立工作小组。

工作小组起领导作用，协调并组织各方资源，并明确各自的职责和任务分工。

（2）确定竞赛类型和赛制。

根据活动的类型，决定赛制。一般情况下，赛制包含循环赛、淘汰赛、打分赛、混合赛等。与此同时，还需要依据赛制制定详细的比赛规则。

（3）确定参赛条件和报名政策。

参赛条件包括选手的报名资格、报名途径、报名截止日期等。对老年人来说，参赛条件还需包括身体状况、心理状况和认知能力等。注意，参赛条件应合适，这会直接影响报名情况。

（4）赛前宣传和动员。

赛前宣传是为了让更多的老年人了解比赛信息，参与到比赛中来。根据老年人的信息来源，可以采用当面告知、海报张贴、邀请卡宣传等方式。随着越来越多的老年人开始使用智能手机并关注互联网，自媒体的宣传方式也应该逐渐应用到老年群体中。

4. 游戏、竞赛类活动在执行中的注意事项

（1）规则必须完善。

制定规则的基本要求是完整性，即规则的约束力应该能制约竞赛的整个范围和过程。

（2）注意观察。

在比赛过程中，各级工作人员应时刻观察赛场的变化情况，及时耐心地提醒参赛者比赛规则。

（3）参加活动的老年人需有人陪同。

如果条件允许，所有参加活动的老年人都应有一位志愿者陪同，对老年人进行说明和指导。

（4）组织颁奖活动。

在比赛结束后，要组织一场颁奖活动，评选优秀选手以进一步巩固活动成果，以扩大比赛影响力。

5. 具体活动示例

示例1 以"增进邻里情·欢乐聚天寿"趣味游园会为例，详细介绍游戏类活动的策划组织过程。

"增进邻里情·欢乐聚天寿"趣味游园会

（一）活动背景

随着生活水平不断提高，使用电子产品的人也越来越多，但邻里之间却越来越陌生了。人们平时工作忙、压力大，闲暇时间以打麻将消遣为主，参加活动的机会少之又少。因此天寿村村民委员会联合××社区社会组织孵化中心共同开展"增进邻里情·欢乐聚天寿"趣味游园会。本次活动旨在进一步丰富村民的精神文化生活，拉近村民之间的关系，

促进村民在村（社区）的融合发展。

（二）活动目的与目标

1. 活动目的

本次活动旨在营造健康向上、团结友爱的社区文化氛围，通过开展邻里趣味活动，进一步丰富村民的精神文化生活，拉近村民之间的关系，促进村民在村（社区）中的融合发展。

2. 活动目标

（1）活动参与人数预计达到100人。

（2）丰富村民的活动内容，提升村民的精神生活品质。

（3）加深村民之间的了解，增进村民之间的交流程度，促进和谐社区建设。

（4）村民通过参与活动，缓解生活、工作压力，促进身心健康。

（三）活动时间

2020年12月5日14：00—16：00。

（四）活动地点

天寿村活动广场。

（五）活动对象

天寿村各组村民。

（六）活动内容

1. 趣味活动游戏

（1）游戏名称：海底捞月。

游戏规则：在盘子里放满玻璃弹珠，游戏参与者在规定时间（15秒）内将12个弹珠用筷子夹到另一个盘子里，即可获得1张积分券。

（2）游戏名称：我是小能手（套圈）。

游戏规则：每个游戏参与者可免费获得3个圆圈，在规定的线之外，用圆圈去套线以内的物品，套中的物品即可拿走。

（3）游戏名称：趣味保龄球。

游戏规则：准备6瓶矿泉水作为道具，将其垒成三角形。在规定线以外，游戏参与者可凭票获得一次掷球机会，若将瓶子击倒一半以上，即可获得1张积分券。

（4）游戏名称：企鹅漫步。

游戏规则：用双脚夹住一个球，双手抱住一个球来回走5米，中途如果球不掉，即可获得1张积分券。

游园会说明：每个游戏只能玩2次。套圈游戏是套中哪个物品就得到哪个，其他游戏（趣味保龄球、海底捞月、企鹅漫步）均可得到积分券。在比赛过程中，完成规定内容，即可获得1张积分券。整场活动结束后，每个人可根据积分券的不同数量，换取不同的奖品（如毛巾、牙刷、抽取纸等）。

2. 奖品兑换

1张积分券：1支牙刷或者1个钢丝球。

2张积分券：1支牙膏。

3张积分券：1块香皂。

4 张积分券：1 条毛巾。

5 张积分券：1 瓶洗洁精。

6 张积分券：1 瓶洗发水或者 10 包抽取纸。

（七）活动所需物品

活动所需物品见表 4-37。

表 4-37 活动所需物品

游戏	所需物品
我是小能手	圆圈 20 个，洗洁精、牙刷、牙膏、香皂、洗发水、水杯、毛巾等若干
海底捞月	弹珠若干，弹珠盘 2 个，一次性筷子 2 双
趣味保龄球	矿泉水 6 瓶，保龄球 1 个
企鹅漫步	足球 2 个
奖品：牙刷、钢丝球、香皂、牙膏、洗洁精、毛巾、抽取纸等	

（八）活动后续阶段

(1) 实时跟进活动后期效果，努力实现活动的可持续发展。

(2) 新媒体中心及时上传相关信息到微信平台，记者团进行相关报道。

（九）注意事项

(1) 注意维护现场的秩序和把控活动时间。

(2) 注意活动参与者的人身安全和财产安全。

(3) 若遇下雨等天气，活动推迟。

(4) 如果村民因为奖品问题发生矛盾，应做好协调工作。

示例 2 以"泰邦健康·冬季全员趣味运动会"为例，详细介绍竞赛类活动的策划组织过程。

泰邦健康·冬季全员趣味运动会

（一）活动背景

初冬已至，气温越来越低，随着寒意渐浓，养老公寓内老年人的身体也产生了倦意。但是冬日也需要锻炼，这样既可以增强体质，也能够活跃养老公寓内的气氛，丰富老年人的生活。养老公寓的员工和老年人共同参与、冬季全员趣味运动会，既能够增进彼此的了解，也符合养老公寓的服务理念。

（二）活动目的

(1) 增进员工与老年人之间的情感。

(2) 丰富养老公寓内老年人的生活。

(3) 发展养老公寓的志愿者服务。

（三）活动内容

1. 活动实施单位

泰邦健康老年人公寓。

2. 活动时间

2020年11月14日。

3. 活动地点

泰邦健康老年人公寓楼前空地。

4. 活动对象

养老公寓员工和入住老年人。

5. 活动类型

趣味运动会。

6. 志愿者服务内容

(1) 志愿者可自行与老年人交流，给老年人按摩等。

(2) 志愿者可以维护现场秩序、摆放活动物品等。

(四) 宣传工作

1. 群消息宣传

内容：现招募一批参加养老公寓活动（2020年11月4日）的志愿者，如有意愿，请在2020年11月13日18点之前报名。

2. 横幅宣传

横幅内容：泰邦健康·冬季全员趣味运动会。

横幅张贴时间：2020年11月14日。

横幅张贴地点：泰邦健康老年人公寓。

(五) 活动流程

1. 活动筹备

(1) 活动具体事宜：招募志愿者，确定活动方案（11月13日前完成）。

(2) 与工作人员对接，讲解活动安排，培训志愿者，给工作人员分工。

(3) 如有需要提前采购物资等（11月13日前完成）。

(4) 11月13日中午开始进行现场布置，11月14日上午9点活动正式开始。

2. 具体活动安排

上午的活动安排：

(1) 主持人和志愿者向参加活动的老年人问好，举行升旗仪式（主持人：××）。

(2) 主持人宣布活动开始。

(3) 游戏①（夹弹珠）：需要2个盘子，2双筷子。当宣布比赛开始时，双方人员用筷子将盘内弹珠夹入另一个盘子内。当所有弹珠都被夹入另一个盘子时比赛结束，首先完成的一方获胜。

(4) 游戏②（套圈游戏）：选择2位成员组成一队，须组成两队。每人手里5个圆圈，套中则积1分，积分多的队伍获胜。

(5) 游戏③（掷保龄球）：摆放10个矿泉水瓶（瓶内装少量水），丢小球击倒"保龄球"，击倒最多的获胜，所有成员都可参加。

(6) 游戏④（撕报纸）：需要准备报纸数张，分成2个队伍，每队派出1位老年人参加，比赛进行3个回合，累计撕报纸最长的队获胜。

(7) 游戏⑤（吹乒乓球）：队伍分成2队，每队派出1位老年人，需准备多个纸杯，纸杯里面装满水，把乒乓球从第一个杯子吹到最后一个杯子用时最短的队伍获胜。

(8) 主持人颁发活动参与奖和个人奖。

下午的活动安排：

(1) 主持人宣布下午活动开始。

(2) 员工抽签分组。

(3) 游戏①（投篮）：参赛人员是员工和积极性很高的老年人，准备2个篮球，在墙上装一个球筐，在规定时间内，把篮球投进球筐最多的队伍获胜。

(4) 游戏②（拔河）：准备1根长麻绳，1块红色的布，由抽签分成的2个队伍进行比赛。

(5) 游戏③（接力赛）准备接力棒，1条长度为50米的赛道，全队人员参加，用时最少的队伍获胜。

(6) 游戏④（50米冲刺）：2队人员各派1个代表，用时最短者获胜。

(7) 游戏⑤（200米赛跑）：2队人员各派1个代表，用时最短者获胜。

(8) 游戏⑥（夹气球赛跑）：准备多个气球，全队成员参加，用时最短的队伍获胜。

(9) 游戏⑦（跳绳团队）：准备1根麻绳，志愿者摇绳，全队成员随意进入，最快连续完成指定数量的队伍获胜。

(10) 主持人颁发活动参与奖和团队奖。

（六）活动应急预案

全场工作人员密切注意现场的所有情况，力争将所有的突发事件控制在自己的可控范围内。

1. 天气原因

若当天下雨或天气过于寒冷，提前通过各平台下发活动延期通知。

2. 紧急状况

(1) 若遇到自然灾害，由活动负责人员组织大家紧急疏散。

(2) 若音响、话筒等设备短期无法使用，主持人负责活跃现场气氛，工作人员马上联系设备管理人员处理。若设备无法修复，则放弃使用，继续活动，并视现场情况决定是否缩短活动时间。

(3) 若现场工作人员出现身体不适等，让其先行退场休息，由其他工作人员代替其岗位。

(4) 活动举办方备好雨伞、葡萄糖及创可贴等，以备不时之需。

示例3 以"德阳里社区老年人知识竞赛活动方案"为例，详细介绍竞赛类活动的策划组织过程。

德阳里社区老年人知识竞赛活动方案

（一）活动目的

为了丰富文化生活，增强社区老年人自我保健、防病强身的意识和能力，树立科学健康的生活方式，营造文明德阳里的良好氛围，德阳里社区以区、街开展敬老月活动为契机，即将举办一场老年人知识竞赛。

（二）参赛对象及形式

1. 参赛对象

德阳里社区所有老年人。

2. 参赛形式

德阳里社区所有老年人可自由组队，每队2人。

（三）竞赛时间

初赛、复赛拟定于2020年12月上旬举行，决赛拟定于12月下旬举行。

（四）竞赛地点

德阳里社区活动室。

（五）竞赛内容

本次知识竞赛活动涵盖人文地理、历史文化、居家生活小妙招、消费者权益保护、居家安全、交通安全、急救知识等内容。

比赛分初赛、复赛、决赛三个阶段。竞赛形式有必答题、抢答题、风险题。

（六）竞赛流程、规则

1. 第一轮："单枪匹马"必答题

各代表队队员按参赛顺序依次回答问题。必答题每题10分，答对加10分，答错或回答不完整不加分也不扣分。

选手答题时间不得超过30秒，从主持人念完题目开始计时。

2. 第二轮："奋勇争先"抢答题

抢答题每题10分，答对加10分，答错或回答得不完整扣10分。

各队在主持人读完题目并宣布"开始"后举牌进行抢答。在主持人宣布开始之前举牌视为犯规，且本题目作废。

答题时，选手可以相互讨论，由1名队员作答，其他选手可以在规定时间内补充。注意，选手答题时间不得超过30秒。

3. 第三轮："知难而进"风险题

风险题每队1题，由分数最高的队伍优先选择，题目分值分别为10分、20分、30分，答对加相应分数，答错或答案不完整扣除相应分数。

答题时，选手可以相互讨论，由1名队员作答，其他选手可以在规定时间内补充。答题时间为60秒，从主持人念完题目开始计时。

4. 补充轮：加试题

3轮比赛结束，如果出现相同比分且影响评奖时，启用加试题。加试题以抢答题形式出现，每题10分，答对得10分，答错不扣分，答题时间为30秒，直到分出名次。

（七）报名方式

请辖区内有意参加活动的老年人于2020年12月1日之前到居委会报名登记。

（八）活动时间进度安排

活动时间进度安排见表4-38。

表 4-38 活动时间进度安排

工作内容	负责人	截止时间
策划	社区社工	11月25日
主持词	社区社工	11月25日
发布通知	社区社工	11月26日
参赛报名	社区社工	11月26日
物资准备（举牌等）	社区社工	11月27日
题库准备	社区社工	11月27日下午
场地布置	社区社工	11月28日下午
活动执行	社区社工、志愿者	11月29日13：30—15：00
场地清理	社区社工	11月29日
活动简报	社区社工	11月29日
活动宣传、文件整理	社区社工	11月29日

（九）活动现场人员分工

活动现场人员分工见表 4-39。

表 4-39 活动现场人员分工

组别	负责人	分工	组员
会务组	社区社工	会场把控	志愿者1、志愿者2
场务组	社区社工	人员签到、搬运物资	志愿者3、志愿者4
摄像组	志愿者	现场采样与录像	—
机动组	志愿者	—	—

（十）活动预算

活动预算见表 4-40。

表 4-40 活动预算

事项	单价/元	数量	总额/元
抢答用举牌	5.00	6个	30.00
横幅	7.00	3.5米	24.50
总计			54.50

（十一）附录

知识竞赛题库

1. 选择题

（1）发烧时不宜喝下面哪种饮料？（　　）

A. 白开水　　　　B. 浓茶　　　　C. 果汁

（2）《西游记》中的火焰山在哪里？（　　）

A. 中国　　　　B. 以色列　　　　C. 印度

（3）腋下量体温以多长时间为宜？（　　）

A. 3~5分钟　　　　B. 7~9分钟　　　　C. 越长越好

（4）缺钙会影响人的身体健康，从而患各种疾病，那么影响钙吸收的主要是下列哪种元素？（　　）

A. 维生素A　　　　　　　　B. 维生素B

C. 维生素C　　　　　　　　D. 维生素D

（5）世界上最大的宫殿是什么？（　　）

A. 故宫（解释：占地面积约为72万平方米，建筑面积约为15万平方米）

B. 克里姆林宫

C. 爱丽舍宫

（6）张师傅以150元的价格买了一双皮鞋，但还不到一周，皮鞋就破损了，经专业机构检验，皮鞋为假冒伪劣产品，那么张师傅可以要求商家赔偿多少元？（　　）

A. 100元　　　　B. 150元　　　　C. 300元

（7）我们经常在电视上看到气象灾害预报蓝色预警、黄色预警、橙色预警、红色预警，表示灾害严重程度最高的是哪种？（　　）

A. 蓝色预警　　　B. 黄色预警　　　C. 橙色预警　　　D. 红色预警

（8）张三所居住的楼内失火了，他应如何逃离失火现场？（　　）

A. 从疏散通道逃离　　　　　　B. 乘坐电梯逃离

C. 在现场等待救援

（9）夏天，点燃的蚊香可以放在哪里？（　　）

A. 放在纸上　　　　　　　　B. 放在铁制的蚊香盒里

C. 放在木制的桌椅上

（10）使用液化气或煤气时，一定要养成什么习惯？（　　）

A. 先点火、后开气　　　　　　B. 先开气、后点火

C. 同时开气、点火

（11）如果回家后发现屋里有很浓的煤气味，你进屋后应该先做什么？（　　）

A. 打开灯检查　　　　　　　　B. 赶紧打电话报警

C. 打开所有的窗户

（12）消防队扑救火情是否收取费用？（　　）

A. 收取　　　　　　　　　　　B. 不收取

C. 有时收取，有时不收取

(13) 在没有非机动车的道路上，骑自行车应怎样通行？（　　）

A. 在人行道上骑行　　　　　　　B. 在机动车专道内骑行

C. 在靠机动车道的右侧骑行

(14) 尊老爱幼、文明礼让是社会公德。外出购物乘坐公交车时，下列行为中不文明的是？（　　）

A. 依次按秩序上下车　　　　　　B. 礼让老、弱、病、残乘客

C. 其他乘客下完后再上车　　　　D. 拥挤、抢座

(15) 油锅起火时，正确的灭火方法是什么？（　　）

A. 往锅里倒水　　　　　　　　　B. 赶快把锅端起来

C. 把锅盖盖上

(16) 睡觉时被浓烟呛醒，正确的逃生方法是什么？（　　）

A. 立即寻找逃生通道，迅速离开　　B. 往床底下钻

C. 穿好衣服再走

(17) 夏天穿什么颜色的衣服比较凉爽？（　　）

A. 黑色　　　　　B. 白色　　　　　C. 褐色

(18) 取之不尽、用之不竭的能源是什么？（　　）

A. 煤炭　　　　　B. 石油　　　　　C. 太阳能

(19) 2022年冬季奥林匹克运动会在以下哪个城市举办？（　　）

A. 北京　　　　　B. 伦敦　　　　　C. 卡塔尔

(20) 世界读书日是哪一天？（　　）

A. 2月13日　　　B. 6月21日　　　C. 4月23日

2. 判断题

(21) 行人横过马路时，应当从人行横道、天桥或地下通道通过。（　　）

(22) 居民楼道内禁止堆放杂物。（　　）

(23) 发生火灾时不能随便打开门窗。（　　）

(24) 多吃菌类食物可调整体内菌群，提升机体抵抗力。（　　）

(25) 乘坐两轮摩托车时不能侧坐或者反坐。（　　）

(26) 牛奶和豆浆可以搭配着喝。（　　）

(27) 傻瓜最初指的是人。（　　）

(28) 合理的午睡时间以20分钟为宜。（　　）

(29) 最佳抗衰老运动是跑步。（　　）

(30) 地无三尺平，天无三日晴指的是四川。（　　）

（五）群众性趣味活动示例

群众性趣味活动一般用于日常小活动或者康复活动，可以锻炼老年人的某种机体功能，使其保持原有的生活能力不退化，也可作为其他类型活动的暖场或者转场小游戏。这类活动不需要完整的策划，仅需要讲清楚活动规则即可，简单且易上手。下面介绍几种趣味性小游戏，作为示例展示（活动策划人也可根据日常经验进行创新性设计）。

1. 端乒乓球竞走

准备：乒乓球若干、拍子若干。

比赛规则：参赛人员端着乒乓球走，保持乒乓球在拍子上不掉下来，最快到达终点的人获胜。

2. 套圈

准备：小礼物若干、圆圈 5~10 个。

比赛规则：参赛人员站到场线外，将 5~20 个圆圈投向目标，套住目标者即可获得一份奖品。

3. 吹蜡烛

准备：桌子 2 张、蜡烛若干。

比赛规则：把 15 根蜡烛吹灭，速度最快的人就是胜利者。

4. 传声筒

比赛规则：5 名老年人组成 1 组，分为 2 组。

每组由 1 位老年人将看到的物品或词语（或由对方队伍成员提供）表演给同组组员，最快猜对的一队获胜，获胜队伍可要求对方组员表演节目。

5. 踩垃圾桶

准备：可踩垃圾桶若干，废纸团若干。

比赛规则：每位老年人站/坐在垃圾桶旁边踩动垃圾桶，并成功将废纸团扔进垃圾桶，在规定的 30 秒内将纸团全部扔进垃圾桶的人获胜。

6. 筷子穿头绳

准备：筷子若干，头绳 1 根。

比赛规则：先将老年人分为 2 组，每组 5 个人，让他们围坐成一个闭环。每位老年人手中拿 1 根筷子，每组第一位老年人先将头绳套在筷子上，然后迅速将其转移到下一位老年人的筷子上，用时最少的组获胜。

7. 扫球接力

准备：扫把 2 把，用废旧报纸裹成篮球大小的球若干。

比赛规则：将老年人分为 2 组，与接力赛分布类似，每位老年人都要手拿扫把将球往前扫，边扫边前进，最短时间内完成的组获胜。

8. 空袋置物

准备：手提袋若干，纸团若干。

比赛规则：将手提袋放置在距离老年人有一定距离的地方，让老年人将纸团扔进手提袋里。在规定时间内，扔进纸团数量最多的人获胜。

9. 快夹弹珠

准备：小脸盆 2 个、弹珠 50 个，筷子 2 双。

比赛规则：将弹珠从一个盆里夹到另一个盆里，计时 60 秒，夹 5 个以上即为过关。

任务二 专业性老年人活动的实例

案例导入

某养老机构设施齐全、环境较好，其中共有80多张床位，有52名（女性35人、男性17人）全托老年人入住，平均年龄在80岁左右。每2位老年人一个房间，并配1名护工。机构内设有活动大厅、老年人医保代办室、餐厅、康复室、棋牌室、娱乐室、老年书吧、计算机室、心理咨询室、多功能室、老年茶吧、多功能会议室、老年人宿舍等。机构内有1名社工。该养老机构有一批入住不久的老年人，他们由于诸多的不适，大多表现出情绪低落，有些女性老年人甚至哭泣、抱怨，这种状况使整个养老机构气氛低沉。其中70岁的李奶奶情况尤为严重，她出现失眠、食欲不振、情绪低落等状况。李奶奶退休前是一名小学教师，患有高血压，需常年服药。她退休后一直照顾丈夫起居，丈夫三个月前去世，李奶奶随后入住该养老机构。

讨论与思考：针对该养老机构新入住的老年人无法适应现在生活的情况，可以通过怎样的活动形式来解决？

群众性的活动用来解决老年群体的共性问题，面对的是整个老年群体。某些个性问题，或者少部分群体的问题，如适应新环境问题，机构内人际关系问题，心理慰藉等就不适宜采用群体性的活动来解决。这类问题需要专业的社工或具有专业知识和方法的工作者，循序渐进的给予解决。

下面将详细介绍专业性老年人活动的实例。

一、专业性老年人活动的组织原则

专业性老年人活动的策划与组织需要注意的事项和遵循的原则有很多，为了便于理解，下面按照活动策划与组织的阶段分别阐述。

（一）前期调研阶段

1. 需求调研和目标确定

开展老年人专业活动对策划者来说是极大的挑战，需要做好充分的准备，尤其是在前期要做好老年人的需求调查，这是决定活动参与度和问题解决程度的关键性步骤。因此，特别需要工作者（策划者）与社区或机构中的老年人进行长期密切接触，绘制老年人的日常生活图谱，发掘老年人的需求，发现老年人的兴趣爱好，最终确定活动能够达成的目标。

2. 活动参与者的筛选

先在前期调研的基础上筛选出符合参与活动条件的老年人，再对这类老年人再次进行针对性的接触，这样他们会逐渐对工作者打开心扉，在活动中的配合度也会提高。针对性的接触是为了进一步筛选和收集老年人信息，一方面，可以将有相同需求的老年人组成一个小组，使同组成员具有高同质性；另一方面，也等于对所有老年人的身体状况、心理状况进行了一次详细的评估。

（二）活动设计与筹备阶段

1. 活动的时间和形式

人在老年期情绪和心情大都比较内敛，表达倾向于被动，所以工作者在活动形式、时间、空间、频率的选择和设计上都要进行充分的把握。在养老机构中，10 点或 16 点都是老年人比较空闲的时间，适合做活动，时长以 1 小时左右为宜。这个时段不会干扰护理员的工作，也比较符合老年人的作息时间。在活动设计上，以互动性较强、能带动老年人参与为佳。

2. 活动场地的选择与设施设备

依据老年人的身体状况和活动内容选择活动场地，考虑选择室内还是室外，选择会议室还是中庭。不论选择哪种场地都要遵循无障碍、普适性的原则，选择的活动场地要使老年人可以进出无障碍，光线充足，但不宜过于宽广，避免出现空荡荡的感觉。另外，场地周围 100 米内要有厕所，方便老年人使用。另外，选择的场地还需确保消防通道畅通，轮椅能够自由出入等。

考虑老年人的视力和听力下降，在活动时发放的宣传册、邀请函等应色彩鲜明且字体较大。如果条件足够，还可以在活动过程中为老年人提供助听器等辅助器材。

（三）活动执行与评估阶段

针对老年人开展的专业性活动，从小组成立到活动结束，工作者一般都处于主导者地位。在活动开展初期，必须取得老年人的信赖，了解老年人的兴趣，这样才能使活动具有延续性。因此，工作者在活动过程中要特别注意沟通等技巧的运用。

1. 建立互信的专业关系

建立相互信赖的关系是活动持续开展的保证，工作者要秉持包容、接纳的心态开展活动。在活动过程中，善于倾听非常重要，工作者要倾听老年人的语言和非语言信息，尤其要注意非语言信息，并及时给予点头、注视等回应，尽量营造轻松、开放的氛围。

2. 主导性

老年人的感知力和理解力处于较低水平，因此，在具体的活动情景下，工作者应该主动示范、主动说明、主动邀请。同时对积极参与活动的老年人提出表扬以示鼓励，增强他

们在活动中的主动性和自信心。

3. 暖场活动的有效使用

专业性活动的内容设计是结构性的，即每场活动有固定的流程，要善于运用这种结构性。每场活动以45～60分钟为宜，注意设计暖场活动以调动参与气氛。与此同时，在休息期间或结束后，也应安排一些强度不高，能够营造温暖氛围的游戏。在选取游戏时，针对高龄且能自理的老年人，一般以简单易上手、贴近生活实际、有趣的游戏为主，可以在儿时的一些游戏中寻找灵感，如飞行棋、钓鱼、跳跳棋等。

4. 做好离别活动准备

工作者在最后的1～2次活动中，首先，要巩固活动参与者已习得的经验，并在实际当中演练；其次，要提前告知活动结束时间，并设计好离别活动，离别活动可以以视频、纪念册等便于留存的形式分享给参与活动的老年人。这不仅是对整个活动的巩固，也是为下次活动打好了感情基础。

5. 活动满意度评估

每场活动都应有始就有终，在活动结束时，既可以收集活动参与者对本次活动的感受，为下次活动的开展收集意见和建议；也可以和活动主办方进行沟通，了解活动举办得是否成功。

二、专业性老年人活动的形式与内容

（一）活动形式

专业性老年人活动主要是在活动规模、活动频率、活动主题等方面与群众性老年人活动有所不同。

1. 活动规模

专业性老年人活动一般以4～9人组成一个小组，外加一位组织活动的人。这类活动应尽量多组织一些人参加，这样才能保证活动具有一定的影响力。

2. 活动频率

专业性老年人活动一般由4～8次活动组成，每周开展一次，每次活动的时长约30～60分钟。老年人连续参加8次活动非常困难，因此可以将小组设置成开放式的，让老年人可以中途进入并随时离开。

3. 活动主题

专业性老年人活动一般应设置一个大主题，每次活动都有基于大主题的子主题。例如，如果成立了回忆往事小组活动，回忆往事就是我们说的主题，为了活动能够有序开展，就需要给每次活动拟定子主题。如果按照生命发展阶段来设计，还可以拟定每次活动的子主题，即每个时期取得的重要成就，这些成就对人生产生的重大影响，从而帮助老年人增强自尊和自信。活动子主题应该紧紧围绕活动主题展开，子主题之间呈递进关系或并列关系。

(二) 活动内容

专业性老年人活动是集中解决老年群体的个性需求的，也就是说每次活动的目的都非常明确。活动目的来源于老年人的需求，我们组成小组，把相同的需求集中起来，在小组中协助老年人解决问题。由此，支持性小组是专业性老年人活动的一个重要方向。基于各支持小组，我们可搭建老年人社交平台，以此来拓宽老年人的社交网络。社交性小组同样也是专业性老年人活动的一个重点方向。为了丰富老年人的日常生活，通常也会开展一些日常的娱乐性活动。娱乐性活动能够帮助老年人寻找学习新知识的机会，或者跟其他人分享自己的兴趣，这些活动的着眼点在于让老年人从团体活动中获得乐趣。总结起来，专业性老年人活动可选择的活动内容包括支持性小组、社交性小组、娱乐性小组或兴趣小组。

三、专业性老年人活动策划书示例

读书会系列活动策划书

(一) 活动概述

本活动旨在帮助老年公寓里有阅读兴趣的老年人组建读书会。运用小组工作和个案工作两大社会工作的方法，通过主题活动的形式宣传读书会，以小组工作的方法建立读书会。建立老年读书会的同时培养读书会"领袖"，以便实训结束后读书会能够有序进行。与此同时，还运用社区工作的方法为老年公寓寻找可利用的资源，为老年公寓注入一些新生力量，丰富老年公寓内老年人的娱乐生活。

(二) 活动背景

该老年公寓目前登记入住的有272位，常住老年人约有250人。老年公寓中的老年人平均年龄为83岁，其中半自理老年人50人左右。大多数老年人身体状况较好，且文化程度较高，对新事物的接受能力较强，对生活充满希望，而且对老年公寓工作人员组织的各类活动的参与度也较高。老年公寓每天都有一些常规性活动，如合唱队、交谊舞、太极等老年人参与度较高的活动，这对我们后期组织活动有较大的帮助。老年公寓主要设有客服、业务、后勤、保卫、行政等部门，各部门之间配合默契，工作人员身兼数职，工作能力非常强。老年公寓的部门设置较为全面，但是对于养老专业队伍的建设不足，缺少社会工作者、营养师、健康管理师等专业人才。老年公寓中的娱乐活动较多，但是这些活动缺乏理念，效果仅仅局限于表面，缺乏深度与广度。

鉴于上述情况，结合老年公寓需求与老年人的意愿，我们决定通过社会工作专业性方法的介入成立一个以老年人为主导的读书会。读书会小组成员可以相互学习、相互帮助。此过程不仅可以满足老年人的社交需求、尊重需求，而且可以在一定程度上实现老年人的自我价值，满足其自我实现需求。另外，还将"助人自助"的理念贯穿其中，从老年公寓工作人员主导活动向老年公寓工作人员协作活动转变，发挥老年人的"余热"。

(三)活动理念

根据马斯洛的需求层次理论得知,如果个人生理需求和安全需求得到了满足,那么就会出现社交需求、尊重需求等更高层次的需求,这其中就有理想的实现、自身价值体现的需求。一个人只有与社会、与他人相互作用,才能体现自己存在的价值,满足被别人尊重的心理,老年人也是如此。老年人互相关心、互相帮助,不仅能从中获得友谊、信赖,还能得到他人的尊重,并且从中体会人生的乐趣。

(四)活动目标

1. 总目标

协助老年人组建读书会并使读书会持续运转。

2. 分目标

组建读书会,推选读书会"领袖";协助"领袖"组织读书会,优化读书会组织形式;宣传读书会,让更多老年人参加读书会。

(五)活动内容

1. 参加对象

老年公寓全体入住老年人。

2. 时间安排

读书会系列活动时间安排见表4-41。

表4-41 读书会系列活动时间安排

时间	主题	内容
6月15日	"关注老年人系列活动——读书会之语扇纶巾"	活动主要由"戏说家规""语扇纶巾"两大板块组成
6月17日	"关注老年人系列活动——读书会之章灯结采"	活动主要由"你说,我们听""猜、猜、猜"两大板块组成
6月20日	"关注老年人系列活动——读书会之文字'遇'"	活动主要由"一篇文,一个故事""文字'遇'""合唱《我是神枪手》"三个板块组成
6月23日	"关注老年人系列活动——送欢乐"	活动分为三个板块,《GILIGILI》《JANG JANG》《星星与爱丽丝》三首曲目为热身板块,《匈牙利舞曲》《空中列车》《美国巡逻队》三首曲目为板块二,《健康歌》《蜂蜜的味道》《桂河大桥》三首曲目为板块三

注:具体活动内容见附录。

(六)招募及宣传

由老年公寓工作人员推荐有朗读、写作爱好的老年人参与活动;社工逐一走访老年公寓中可能被发展为读书会小组成员的老年人。

绘制主题海报、老年公寓工作人员口头宣传以及发放宣传资料。

(七)工作分工

××,组长,主要负责组织、协调小组成员共同讨论,撰写项目策划书,并与机构工作人员保持密切联系。

××，主要负责项目中的现场环境布置、物资采购、财务预算，活动开展中的志愿者工作安排，撰写具体的活动策划内容等。

××，负责协助各个活动环节的具体事宜，如活动人员登记、志愿者登记、活动内容记录、新闻稿撰写等。

（八）风险评估及解决方案

1. 风险评估

（1）机构支持。

老年公寓是否同意开展本项目中涉及的各类活动。

（2）专业知识。

开展小组活动的社工是否具有专业水平。

（3）活动对象。

能否找到合适的小组成员，小组成员是否愿意积极参加。

（4）其他方面。

老年人对本项目是否支持与信任；老年人在小组活动过程中有不适现象，如突然晕倒等，是否准备了相应的急救措施。

2. 解决方案

（1）机构支持。

前期进行充分沟通，以便活动能够得到老年公寓工作人员的支持。

（2）专业知识。

社工对社会工作的专业知识了解得比较系统，而且还有研究所老师进行专业的指导，因此能力开展小组活动。

（3）其他方面。

前期多和老年人交流，建立一定的信任关系，并在老年公寓工作人员的协调、帮助下取得老年人的信任。由于所有小组活动都在老年公寓内部开展，因此老年人有可能的突发状况都在老年公寓工作人员的可控范围之内，即使突发疾病也能够得到及时、准确的急救治疗。

（九）附录

读书会系列活动具体内容如下。

1. 读书会之语扇纶巾

（1）活动主题：读书会之语扇纶巾。

（2）活动地点：阅览室。

（3）活动时间：6月15日14:30—16:00。

（4）活动时长：1.5小时。

（5）活动对象：读书会小组成员。

（6）活动负责人：××。

（7）活动目标："读书会之语扇纶巾"活动为读书小组的第一场活动，这次活动的顺利开展有利于拉近老年人之间的距离，便于他们组建固定的小组。

（8）读书会之语扇纶巾活动内容见表4-42。

表 4-42　读书会之语扇纶巾活动内容

环节	内容	目的	物资
主持人介绍（10分钟）	主持人介绍此次小组活动的主题、时间、目的等	让小组成员对活动有初步的了解，为后期工作做好准备	1. 音响 2. 话筒 3. 茶水 4. 放大镜 5. 白板 6. 油性笔 7. 扇子 8. 花束
戏说家规（30分钟）	社工与小组成员一起围成圆圈坐好，鼓声响起后依次传递花束，鼓声停，由手里拿花束的小组成员自我介绍（年龄、家乡、最喜欢的书或者文章、对读书会的寄语）	建立专业关系，让小组成员了解活动的目的及内容。活跃气氛，让社工与小组成员、小组成员与小组成员之间彼此熟悉，建立信任关系	
语扇纶巾（40分钟）	社工分发活动材料，小组成员人手一把白色纸扇，让他们在扇子上画上或写上自己对读书会的寄语、祝福或是画出自己喜爱的图画	丰富读书会的活动内容，活跃气氛，拉近小组成员之间的距离，提高他们的积极性，加强他们之间的交流与沟通。通过小组成员在空白纸扇上展示的内容，可以了解他们对读书会的期望，作为后期活动的参考	
结束词（10分钟）	主持人宣布活动结束，通知下一次活动的时间，做活动总结。志愿者协助参加活动的老年人离开活动场地	使老年人平安离开，为下次活动做准备	

2. 读书会之章灯结采

（1）活动主题：读书会之章灯结采。

（2）活动时间：6月17日9：30—11：00。

（3）活动地点：阅览室。

（4）活动对象：读书会小组成员。

（5）活动负责人：××。

（6）活动目标：这次活动为读书会的第二次正式活动，以读书会的形式开展，使参与的老年人了解读书会的具体流程及形式；同时，为下一次读书会的开展做好宣传。

（7）读书会之章灯结采活动内容见表4-43。

表 4-43　读书会之章灯结采活动内容

环节	内容	目的	物资
主持人介绍（10分钟）	主持人介绍此次小组活动的主题、时间、目的等	让小组成员对活动有初步的了解，为后期工作做好准备	1. 主持稿 2. 朗读资料
你说，我们听（40分钟）	小组成员朗读准备好的文章，为没有提前准备文章的小组成员整理朗读资料。注意，在这个过程中，工作人员是听众，负责引导小组成员朗读并分享感受	呼应读书会的主题内容，以朗读为主，满足小组成员的朗读需求，逐步形成读书会的基本形式，与小组成员建立信任关系	

续表

环节	内容	目的	物资
猜、猜、猜 （30分钟）	工作人员准备灯谜，小组成员解答灯谜，回答正确者即奖励1个灯笼	丰富读书会的活动方式，活跃气氛，促进小组成员之间的感情，提高小组成员的积极性，加强小组成员间的交流与沟通，呼应主题	3. 扩音器 4. 灯笼
结束词 （10分钟）	主持人宣布活动结束，通知下一次活动的时间，做活动总结。志愿者协助老年人离开活动场地	使老年人平安离开，为下次活动做准备	

3. 读书会之文字"遇"

（1）活动主题：读书会之文字"遇"。

（2）活动时间：6月20日9:30—11:00。

（3）活动地点：望月台。

（4）活动对象：读书会小组成员。

（5）活动负责人：××。

（6）活动目标：协助小组成员形成长期参与活动的习惯，工作人员逐步退出小组。

（7）活动内容见表4-44。

4. 送欢乐

（1）活动主题：送欢乐。

（2）活动时间：6月23日14:30—16:00。

（3）活动地点：多功能厅。

（4）活动对象：老年公寓全体成员。

表4-44 读书会之文字"遇"活动内容

环节	内容	目的	物资
主持人介绍 （5分钟）	主持人介绍此次小组活动的主题、时间、目的等	让小组成员对活动有初步的了解，为后期工作做好准备	1. 扩音器 2. 朗诵稿 3. 小卡片 4. 白板 5. 书签 6. 油性笔
一篇文， 一个故事 （45分钟）	小组成员朗读《祖国不会忘记》《日出》《假如生活欺骗了你》《浪淘沙·二首》等作品，与大家分享他们所朗读的文章在自己生命中的特殊意义	为小组成员提供展示的平台，增强小组成员的内心满足感及归属感	
文字"遇" （20分钟）	工作人员准备好6组四字成语，每组9个字打乱顺序，小组成员以最快的速度将其组合成四字成语	增强活动的趣味性，锻炼小组成员排除干扰信息和收集有效信息的能力，营造活跃的气氛	
合唱《一颗子弹消灭一个敌人》 （10分钟）	小组成员和工作人员、志愿者集体合唱《一颗子弹消灭一个敌人》	作为本次小组活动的结束环节，要合理调节现场气氛	
结束词 （10分钟）	主持人宣布活动结束，说明下一次活动的时间，做活动总结，分发读书会纪念品；志愿者协助老年人离开活动场地	使老年人平安离开，为下次活动做准备	

(5) 活动负责人：××。

(6) 活动目标：本次活动是读书会系列活动的闭幕式，运用"宫本式"音乐照顾的形式，欢送这段时间为老年人带来快乐的活动组织者。应选取欢快的音乐，缓解离别情绪。与此同时，还要采用音乐照顾的方式也能使老年公寓中一些活动不便的老年人参与到集体活动中。

(7) 送欢乐活动内容见表4-45。

表4-45 送欢乐活动内容

环节	内容	目的	物资
板块一	《GILIGILI》《JANG JANG》《星星与爱丽丝》	三首曲目为热身板块，前一首曲目由工作人员带领小组成员做一遍，第三首曲目由于时间较前两首曲目长，动作也更为复杂，所以带做两遍。这三首曲目节奏欢快，动作较其他曲目简单，可以评估小组成员的身体状况，还可以达到热身的效果	1. 音响 2. 响板 3. 手摇铃
板块二	《匈牙利舞曲》《天空中列车》《美国巡逻队》	每首曲目各带一遍。这三首曲目较板块一的三首曲目更为欢快，动作幅度也更大，可以适当增加互动环节，拉近小组成员与带动者之间的距离	
板块三	《健康歌》《蜂蜜的味道》《桂河大桥》	《蜂蜜的味道》较其他两首曲目的动作更复杂，音乐时间也更长，所以工作人员带领老年人做两遍。这九首曲目中有四首曲目需要使用道具，以吸引老年人的注意力。这个板块中有个别曲目的音乐较为欢快，可作为活动后期曲目能冲淡离别情绪	

健康知识学习小组活动策划书

(一) 小组名称

小组名称："椿萱邻里"。

"椿萱"花语：健康、祝福、感恩、长寿。本小组作为一个以"康乐、养生"为主题的学习性小组，初衷便是希望通过小组活动为老年人带来更多关于健康的小知识。

居住在养老机构中的老年人大部分是高龄老年人，在活动组织、开展的过程中，作为晚辈的我们无不怀着感恩与祝福的心，为这些曾经为国家付出自己青春与心血的人提供服务。

(二) 小组工作理念及理论依据

1. 工作理念

为满足老年人的"家邻"需求，丰富老年人的日常生活，提高老年人的生活质量，特拟定本策划方案。在拟订方案之前，社工做了一些调研，现整理如下：

(1) 截至目前，该机构已入住的11位老年人中，有8位自理老年人和3位介护老年人。经初步了解，这些老年人整体文化素质较高，对生活质量有较高的追求。即便有些老年人身体状况较差，也应满足其高层次的精神需要。

(2) 该机构的老年人入住时间并不长，相互之间也不太熟悉，而且这些老年人偏高龄化，活动能力下降，所以针对这部分老年人开展的活动较少，形式较单一。

鉴于以上情况，本小组计划以"康乐、养生"为重点开展专业小组活动，以满足老年人对康养知识的需求。

2. 理论依据

社会活动理论认为，社会活动是生活的基础，人们对生活的满意度与社会活动联系紧密。社会活动是老年人认识自我，获得社会角色，寻找生活意义的主要途径。老年期是中年期的延续，老年人依然有能力和愿望参加各种社会活动。只有多多参与生理、心理和社会等方面的活动，老年人才能充分保持生理、心理和社会等方面的活力，促进生理、心理和社会等方面的共同进步。而现实情况是，许多老年人想有所作为而苦于没有机会；一些老年人因退出社会主流生活而患上老年抑郁症；有些老年人因整日枯坐家中无人交谈而提前脑退化。现代医学证明，勤于用脑的人比懒于用脑的人，脑力活动退化的速度要缓慢得多；较少说话的老年人比常有人陪伴的老年人更容易患上阿尔兹海默病。因此，老年人保持较高的活力，积极参与社会生活，对防止大脑退化具有毋庸置疑的作用。双职工家庭的增多、生活节奏的加快和竞争压力的增加使子女很难抽出时间陪伴老年人。所以，鼓励老年人自我调适、积极投身社会生活而不是独处一隅，就显得十分重要。

（三）小组目标

1. 总目标

弥补老年人在康养类专业小组活动方面的空缺，满足该机构的老年人对康养知识的需求。

2. 分目标

（1）在工作人员的带领下，小组成员能够学习关节活动技术、穴位按摩方法和手指操。

（2）通过健康知识宣讲和手工互动游戏，小组成员能够认识自己身体的变化，了解合理、健康的饮食搭配，掌握预防相关疾病的方法。

（四）小组成员

1. 组员特征（描述组员的年龄、性别、教育背景等特征）

在已入住的11位老年人中，有8位自理老年人和3位介护老年人。这11位老年人普遍高龄化，平均年龄约85岁，且大部分老年人接受过中高等及以上教育。

2. 组员的问题和需要

这些老年人肢体活动能力较差；机构内针对这些老年人的活动类型较少；这些老年人普遍对"康乐、养生"类的小组活动有一定需求。

（五）小组特征

（1）小组性质：半封闭式学习性小组。

（2）小组持续期：11月3—25日，共4次。

（3）小组活动频率：一周一次。

（4）小组规模：20人左右。

（5）活动对象：已入住椿萱茂琅湾老年人社区且有相关需求的老年人。

（6）活动地点：椿萱茂琅湾老年人社区16楼大厅。

(六) 组员招募计划

(1) 与老年人社区管家服务部配合，取得乐享大使的支持，使其帮助活动组织者对符合特征的老年人进行宣传、招募。

(2) 通过活动组织者与老年人的实地访谈，了解其相关需求并简单向其介绍本次小组活动的主旨和目标，邀请老年人报名参加。

(七) 工作进度

工作进度安排见表4-46。

表4-46 工作进度安排

日期	任务
9月25日—10月7日	制定小组计划书
10月8—15日	修改小组计划书，协调资源
10月16—30日	宣传招募组员
11月3—25日	开展小组活动
11月26日—12月4日	总结跟进

(八) 具体活动计划

1. 第一次活动内容

(1) 活动时间：11月3日15：00—16：30。

(2) 活动目标：让小组成员相互认识，制定小组契约。

(3) 第一次具体活动安排见表4-47。

表4-47 第一次具体活动安排

时间	活动环节/目的	活动详细内容	所需物资
15：00—15：10	小组成员相互认识并阐述活动目的	社工开场白（小组工作人员自我介绍），示范椿萱手指操	话筒、音响
15：10—15：20	小组成员相互熟悉，建立初步的信任关系	(1) 破冰游戏"传球"——小组成员自我介绍，由工作人员将花束或球就近递给一位小组成员，拿到花束的小组成员进行简短的自我介绍（推荐以唱歌的形式），然后任意扔给其中一位小组成员，依次完成自我介绍； (2) 在该过程中，工作人员注意观察现场氛围，提醒组员尽量将花束丢到没有做自我介绍的组员处，避免小组成员在破冰阶段产生失落感	花束或其他球类、各种奖品
15：20—15：30	规范开展小组活动，防止发生冲突	(1) 订立小组契约：经过简单的初步了解，小组成员进行简单的自我管理，制定小组规范，如"每次活动不迟到"等； (2) 告知下次活动的时间以及活动方式等事项	油性笔、彩纸（用于小组契约的简单装饰）、剪刀

时间	活动环节/目的	活动详细内容	所需物资
15：30—15：45	让小组成员了解身体健康的重要性	通过音频、视频等多媒体方式以及现场演示等为小组成员展示随着年龄的增长身体发生了哪些变化	—
15：45—16：15	让小组成员明白锻炼的方式也可以多种多样	1. 邀请小组成员分享自己的观后感并分享自己对身体变化的切身感受； 2. 分享完感受后，组织小组成员制作手工艺品"鲤鱼"，作为第一次活动的纪念	白纸、水彩笔、打孔器、毛线、剪刀
16：15—16：30	对本次活动进行小结	拍照	照相机

2. 第二次活动内容

（1）活动时间：11月10日14：55—16：30。

（2）活动目标：帮助小组成员了解常见病知识，提高他们的活动参与度。

（3）第二次具体活动安排见表4-48。

表4-48 第二次具体活动安排

时间	活动环节/目的	活动详细内容	所需物资
14：55—15：15	回顾上一次活动内容，活跃气氛	全员一起做椿萱手指操	话筒、音响
15：15—15：30	通过互动小游戏，带动现场氛围并引出本次活动主题	1. 将小组成员分成几组，使用毛巾活动身体，即将毛巾裹成长条从腿下绕过； 2. 每人准备一条毛巾，握住毛巾的两端，慢慢穿过一只脚再穿过另外一只脚； 3. 做10个来回便算成功完成本游戏	彩纸、胶棒（用来制作活动小组座位标识）、毛巾
15：30—15：50	开展食品知识小讲座，针对老年人平时易患的几种常见病提出一些饮食方面的建议或讲解食疗法	1. 一些食物方面的常识，如各种蔬菜、水果的最佳搭配和食用方法； 2. 对老年人的常见病提出饮食上的注意事项或讲解食疗法	宣讲资料
15：50—16：20	增加活动趣味，提高参与度	1. 小组成员进行"石头画"手工制作； 2. 拍照	鹅卵石、水粉颜料、画笔
16：20—16：30	对本次活动进行小结	工作人员对本次活动提到的内容进行归纳、总结，并简要介绍下次活动内容	—

3. 第三次活动内容

（1）活动时间：11月17日14：55—16：30。

（2）活动目标：增强小组凝聚力，增加活动趣味性，提前告知小组成员下一次活动后小组活动将结束。

（3）第三次具体活动安排见表4-49。

表4-49 第三次具体活动安排

时间	活动环节/目的	活动详细内容	所需物资
14：55—15：15	活跃小组气氛，增强凝聚力	邀请一位小组成员上台，带领大家一起做椿萱手指操	话筒、音响、奖品
15：15—15：35	向老年人介绍一些关于高血压等常见病的知识	专业教师对小组成员的问题进行答疑，为他们讲解关于高血压、糖尿病等老年人常见病的防治以及各种科普性的健康小知识	宣讲资料
15：35—15：50	活动关节，让老年人了解平时多运动的益处	手指穴位按摩	—
15：50—15：55	巩固专业教师所讲的健康小知识	回顾专业教师所讲的健康小知识，以互动方式询问小组成员是否还记得刚才的内容（若小组成员回忆较困难，工作人员应及时提示，不应让他们因此产生消极情绪）	—
15：55—16：20	增进活动趣味性、提高参与度	1. 带领小组成员玩套圈游戏；2. 拍照	圆圈、水瓶、各种奖品
16：20—16：30	对本次活动进行小结，并简要介绍下次活动内容	小组成员分别分享自己对本次小组活动的感受。工作人员对本次活动提到的内容进行归纳、总结，并简要介绍下次活动的内容	—

4. 第四次活动内容

（1）活动时间：11月25日 14：55—16：00。

（2）活动目标：回顾往日收获，小组成员总结发言，结束小组活动。

（3）第四次具体活动安排见表4-50。

表4-50 第四次具体活动安排

时间	活动环节/目的	活动详细内容	所需物资
14：55—15：15	活跃小组气氛	工作人员引导小组成员回顾往期活动中学到的椿萱手指操	话筒、音响、奖品
15：15—15：30	回顾往期健康知识	1. 回顾往期饮食健康小知识，方便后续活动的开展；2. 通过互动的方式提出如何对饮食进行合理搭配等问题；3. 再次强调饮食搭配的重要性，希望小组成员不要挑食	—

续表

时间	活动环节/目的	活动详细内容	所需物资
15：30—15：50	游戏互动	手工制作"创意花卉"，并拍照	花瓶、鲜花、剪刀、照相机
15：50—15：55	了解小组成员在小组活动过程中的收获	1. 邀请小组成员谈谈体会，即自己在活动过程中得到了哪些积极的影响； 2. 小组成员在平日的生活中也应多应用小组活动过程中教授的知识； 3. 分发礼品	礼品
15：55—16：00	对小组活动进行小结	1. 观看"快闪"视频； 2. 小组成员分享整体感受； 3. 进行最后的离别总结	投影仪、计算机

（九）风险评估及解决方案

风险及解决方案见表4-51。

表4-51 风险及解决方案

风险评估	解决方案
话筒、音响等设备出现故障	准备备用设备
活动中有人员突发疾病	1. 按照机构操作流程，进行紧急处理； 2. 专人专责

（十）活动预算

活动预算见表4-52。

表4-52 活动预算

小组名称	椿萱邻里		项目编号		
机构名称	椿萱茂珉湾老年人社区		申请金额/元	800.00	
活动预算及计算过程			费用类型		
预算编号	经费用途	标准及数量详细说明	预算金额/元	经费用途	经费说明	备注
1	活动物资					
(1)	水粉颜料	20.00元/套×5套	100.00	物料费	用于活动过程中的手工制作环节	
(2)	彩纸	15.00元/套×2套	30.00	物料费	用于活动过程中的手工制作环节	

续表

小组名称	椿萱邻里		项目编号		
机构名称	椿萱茂珉湾老年人社区		申请金额/元		800.00
活动预算及计算过程			经费类型		
预算编号	经费用途	标准及数量详细说明	预算金额/元	经费用途	经费说明	备注
1	活动物资					
(3)	横幅	5.00元/米×4米	20.00	宣传费	用于活动的宣传	
(4)	花瓶	6.99元/个×10个	69.90	物料费	用于活动过程中的手工制作环节	
(5)	鲜花	10.00元/束×10束	100.00	物料费	用于活动过程中的游戏环节	
	小计		319.90			
2	相框	3.00元/个×30个	90.00	物料费	定制相框作为活动纪念品	包含所有组员照片
3	各种奖品、礼品	—	300.00	物料费	购买奖品、礼品	—
4	不可预测费用	20.00元/次×4次	80.00	其他	活动过程中可能产生的不可预测费用	—
	总计	—	789.90			

娱乐类小组活动策划书

(一) 小组名称

小组名称"安卡",因为安卡是古埃及的生命之符,象征了生命。

(二) 小组工作理念

根据马斯洛需求理论并针对机构老年人现有的特征,现决定开展以休闲益智类和肢体类为主的活动。此次活动我们也会面临机遇与挑战,由于半自理和失智老年人较多,可能出现参与老年人积极性不高、反应较慢、情绪失控等问题,在开展活动时,工作人员会充分运用所学知识及掌握的技能确保其顺利进行。

(三) 小组目标

1. 总目标

增强老年人彼此之间的关系,使老年人身心愉悦,让他们拥有一个健康丰富的老年生活。

2. 分目标

(1) 丰富老年人的生活,使老年人摆脱孤独感,从心灵上得到满足和快乐。

(2) 让老年人获得一定的成就感,帮助他们在一定程度上缓解消极情绪。

(3) 为老年人提供一个展示自己、结交朋友的平台,拓宽老年人的社交渠道。

(四) 小组成员

1. 组员特征

××社会福利中心健康的老年人及患有认知障碍的老年人(性别不限)。

2. 组员的问题和需要

参加活动的老年人大多患有认知障碍,且行动不便,因此要让他们消除焦虑与不安的情绪,并在活动中获得快乐。

(五) 小组特征

小组性质:开放型小组。

小组持续期:6月4—25日,共4次。

小组活动频率和时间:每周一次,每次活动1.5小时。

小组规模:10人。

活动地点:××社会福利中心活动大厅。

(六) 组员招募计划

1. 小组成员的来源渠道

××社会福利中心负责人推荐。

2. 宣传、招募方法

(1) ××社会福利中心负责人挑选8~10名老年人参加活动。

(2) 在机构内张贴海报进行宣传。

(3) 在机构内部口头宣传。

(七) 具体活动计划

1. 第一次活动内容

(1) 活动时间:6月4日14:30—16:00。

(2) 第一次具体活动安排见表4-53。

表4-53 第一次具体活动安排

时间	活动环节	目的	内容	物资
14:30—14:35	工作人员开场白	让老年人认识工作人员,了解小组活动的内容	自我介绍,介绍小组活动内容,阐述活动的目的等	1. 策划书; 2. 话筒
14:35—14:55	活动一:识卡比赛	让老年人眼睛和大脑配合起来,活跃老年人的思维	1. 准备一些常用物品或者表示常用物品的卡片让老年人识别; 2. 引导老年人思考、回忆物品用途; 3. 让老年人回忆刚刚分享过的物品,看谁记得多	1. 水彩笔; 2. 彩纸
14:55—15:20	活动二:球类活动	让老年人活动开,并与他人互动,提高交流能力	1. 使用多个按摩球让老年人围成一圈互传; 2. 工作人员给老年人随机发几个海洋球,要求他们将指定颜色的球投到盒里	1. 海洋球; 2. 纸箱; 3. 水粉颜料

续表

时间	活动环节	目的	内容	物资
15：20—15：30	中场休息 10分钟	调整状况	—	
15：30—16：00	活动三： 音乐照顾	运用身体语言，结合优美的音乐，给老年人带来身心双方面的刺激，引发其内在情感，进而达到促进关系、稳定情绪、提高身体机能等	1. 一起拍打肚子； 2. 转圈	

2. 第二次活动内容

（1）活动时间：6月11日14：30—16：20。

（2）第二次具体活动安排见表4－54。

表4－54　第二次具体活动安排

时间	活动环节	目的	内容	物资
14：30—14：35	工作人员开场白	让老年人认识工作人员，认识小组其他成员	让老年人自我介绍，介绍小组活动内容，阐述活动目的等	—
14：35—14：55	活动一： 温习并合唱老歌	将唱歌作为这次活动的开端，有利于活跃气氛，调动老年人的积极性	1. 发放歌词单让老年人集体朗读； 2. 询问老年人对歌词的了解情况，如"是否学过？会唱吗？"让老年人试唱； 3. 播放歌曲并依据现场情况让老年人跟唱	1. 歌词单； 2. 话筒
14：55—15：20	活动二： 为我添一"鼻"	促进工作人员与老年人之间的互动，在互动过程中增加彼此的信任感	在白纸上画一个人像（无鼻子），蒙上老年人双眼，然后工作人员在旁边协助其为人像画上鼻子	1. 水彩笔； 2. 白纸
15：20—15：30	中场休息 10分钟	调整状况	—	
15：30—15：55	活动三： 我们的植物园	锻炼嗅觉，用色彩鲜艳的花朵带来视觉冲击	带老年人进入花园，让他们观看植物造型、叶子形状等，并识别植物	植物
15：55—16：20	活动四： 音乐照顾	运用身体语言，结合优美的音乐，给老年人带来身心双方面的刺激，引发其内在的情感，进而达到促进关系、稳定情绪、训练身体技能等效果	播放歌曲《JANG JANG》	—

3. 第三次活动内容

（1）活动时间：6月19日9:00—11:00。

（2）第三次具体活动安排见表4-55。

表4-55 第三节具体活动安排

时间	活动环节	目的	内容	物资
9:00—9:05	工作人员开场白	让老年人认识工作人员、认识小组其他成员	自我介绍，介绍小组活动内容，阐述活动的目的等	—
9:05—9:25	活动一：唱红歌	通过歌唱经典歌曲激发老年人参与活动的积极性，营造活动氛围	1. 发歌词单让老年人集体阅读； 2. 工作人员为老年人进行歌唱表演； 3. 播放歌曲让老年人们进行歌唱	1. 白纸； 2. 签字笔； 3. 歌词单
9:25—9:40	活动二：手摇铃舞蹈表演	运用手摇铃、身体语言，结合优美的音乐，给老年人带来身心双方面的刺激，进而达到稳定情绪、提高身体机能等目的	运用手摇铃表演舞蹈，用手摇铃清脆的声音吸引老年人的注意力，并教他们跳手摇铃舞蹈，最后大家一起拿手摇铃表演	手摇铃
9:40—9:50	中场休息10分钟	调整状况	—	—
9:50—10:00	活动三："感恩的心"手语操	以"感恩"为主题，通过肢体语言传达感情的方式，带给老年人温暖和快乐	工作人员带领老年人进入活动现场，工作人员先表演一遍，再带领老年人一起表演"感恩的心"手语操	—
10:00—11:00	活动四：诗词朗诵	朗诵以父亲节为主题的诗词，表达对父亲的敬爱与赞美，让居住在机构中的男性老年人感受这一属于他们的节日，让他们唤起对过去的美好回忆，享受精神上的愉悦	工作人员提前找好与父亲节相关的朗诵内容，在活动当天为老年人朗诵诗词	—

4. 第四次活动内容

（1）活动时间：6月25日14:30—16:20。

（2）第四次具体活动安排见表4-56。

表4-56 第四次活动具体安排

时间	活动环节	目的	内容	物资
14：30—14：35	工作人员开场白	让老年人认识工作人员和小组的其他成员	自我介绍，介绍小组活动内容，阐述活动的目的等	—
14：35—14：55	活动一：嘴巴手指不一样	活跃气氛	老年人围坐在一起拍手，并喊"嘴巴手指不一样"。轮到哪位老年人时，嘴里喊的数字跟手里比划的数字不能相同，若嘴巴手指表现一致，则视为犯规	1. 歌词单；2. 话筒
14：55—15：20	活动二："DIY"手工活动	通过手工活动锻炼老年人的动手能力，活跃他们的思维，并让他们从自己的作品中得到成就感	工作人员将准备好的鲜花、绿草等发给老年人，指导他们将它们拼接成一幅画，并让他们与自己的作品合影	1. 水彩笔；2. 鲜花；3. 绿草
15：20—15：30	中场休息10分钟	调整状态	—	
15：30—15：55	活动三：形状识别	形状识别可以锻炼老年人的大脑反应能力和动手能力	工作人员提前制作活动所需的图片，工作人员说到某一种图形时，老年人找到图形，并根据指示将其贴到纸上	各种圆形的图片
15：55—16：20	活动四：音乐照顾	运用手摇铃等器材和身体语言，配合优美的音乐，给老年人带来身心双方面的刺激，进而达到安定情绪、训练身体机能等效果	播放歌曲《波斯市场》和《美国巡逻队》	—

（八）工作进度

工作进度见表4-57。

表4-57 工作进度

日期	任务
5月16日	与机构对接，了解机构情况
5月18—24日	准备活动策划书，召开小组会议，分配工作
5月30日—6月3日	制作活动海报及准备相关物资
6月4—25日	开展小组活动
6月26日—7月2日	总结与评估

（九）风险评估及解决方案

全场工作人员密切注意现场的所有情况，力争将所有的突发事件控制在自己所能控制的范围内。风险评估及解决方案见表 4-58。

表 4-58 风险评估及解决方案

风险评估	解决方案
设备原因	若音响、话筒等设备出现故障，立即通知相关负责人调整。若音响等设备短期内无法使用，主持人和小组工作人员负责活跃现场气氛，灵活处理当天的活动内容
停电原因	若现场停电，先安排秩序维护人员安抚现场老年人的情绪，以免发生事故，维护好现场的秩序
情绪原因	在活动过程中，如果出现老年人无视活动或由于双方个人性格等原因发生冲突的状况，工作人员应立即制止双方的冲动行为，并加以调解
临时伤病原因	若在活动过程中，老年人意外受伤，或在入场、退场时突然受伤，工作人员应立即将伤者送往医务室

（十）活动预算

活动预算见表 4-59。

表 4-59 活动预算

物资名称	单价/元	数量	小计/元	备注
气球	12.00	2 袋	24.00	所有活动的布置
海洋球	0.30	20 个	6.00	用于第一次活动
彩纸	1.00	25 张	25.00	用于所有活动
扇子	3.00	3 把	9.00	用于第二次活动
响板	9.00	3 个	27.00	用于第二次活动
手摇铃	4.00	4 个	16.00	用于第二次活动
鲜花	10.00	2 束	20.00	用于第四次活动
透明胶带	2.00	2 卷	4.00	用于所有活动
剪刀	5.00	2 个	10.00	用于所有活动
水彩笔	20.00	1 盒	20.00	用于所有活动
打气筒	4.00	2 个	8.00	用于所有活动
合计			169.00	

蒲公英社交小组活动策划书

(一) 小组名称

蒲公英社交小组。

(二) 小组活动理论依据

互动模式的理论基础是系统理论和场域理论,它关注的是子系统(小组成员)和整体系统(小组环境和社会环境)的关系,而不仅限于关注小组成员个人本身。互动模式关注的既有个人也有环境,需要个人、小组和社会系统之间开放并且互相影响,以实现增强个人和社会功能的目的。小组被视为一个互动的系统,个人依靠小组其他成员来解决问题、实现自己潜能并建立信心。

(三) 小组目标

1. 总目标

拓宽入住护理中心的老年人的社交面,让他们在小组活动中互相认识,从而获得情感支持,找到朋友。

2. 分目标

(1) 丰富中心老年人的生活。

(2) 帮助老年人在护理中心寻找一位朋友。

(3) 在小组活动过程中解决老年人的一些情绪问题。

(四) 小组成员

1. 组员特征

7位老年人均为高龄,有完全的行动能力,但听力普遍不好,个体素质较高。

2. 组员的问题与需要

因为有个别老年人是第一次入住养老机构,再加上××护理中心是一家新兴的养老机构,在很多方面还需要学习,在调动老年人的活动积极性上还有欠缺。现在时值冬季,天气寒冷,老年人除了参加日常活动就是在房间里看电视,无法结交更多的朋友,也接触不到新鲜事物。他们希望能够充实自己的晚年生活,多开展一些活动,多认识一些朋友。

(五) 小组特征

小组性质:成长小组,帮助组员了解和探索自己,最大限度地运用自己的内在资源及外在资源,充分发挥潜能,解决自身存在的问题,促进个人的健康发展。

小组持续期:11月18日—12月16日,共5次。

小组活动频率和时间:每周一次。

小组活动时间及名称见表4-60。

表4-60 小组活动时间及名称

活动时间	活动名称	活动时间	活动名称
11月18日	"初"遇	12月9日	"乐"动人生
11月25日	老少同伴行	12月16日	再见"恐"社交
12月2日	留住秋"色"		

小组规模：本次活动预计 7 人参加。

活动地点：××护理中心各活动场地。

（六）组员招募计划

1. 小组成员的来源渠道

××护理中心的全体老年人。

2. 宣传、招募方法

在微信群里发布招募通知，在养老单元楼里张贴活动海报，在老年人集中吃午饭的时间进行面对面宣传。

（七）具体活动计划

1. 第一次小组活动

（1）活动时间：11 月 18 日 15：00—16：00。

（2）活动目标：破冰、互相认识。

（3）第一次小组活动具体安排见表 4－61。

表 4－61　第一次小组活动具体安排

时长/分钟	活动环节	目的	内容	所需物资
15	开场白	让组员认识工作人员，认识小组其他成员	工作人员自我介绍，介绍小组内容，介绍小组活动目标	策划书
15	组员自我介绍	让工作人员、组员相互认识与了解	帮助组员互相认识	游戏道具
15	小组契约	约束组员行为并形成小组规范	组员和工作人员一起制定小组规范	1. 彩纸 2. 油性笔
15	总结分享	总结回顾或预告下一次活动内容	工作人员做总结并邀请组员发表意见等	1. 笔记本 2. 照相机

2. 第二次小组活动

（1）活动时间：11 月 25 日 15：00—16：00。

（2）活动目标：了解小组成员需求，建立联系渠道。

（3）第二次小组活动具体安排见表 4－62。

表 4－62　第二次小组活动具体安排

时长/分钟	活动环节	目的	内容	所需物资
15	回顾上次小组活动内容	让工作人员、组员相互认识并加深印象	帮助组员建立较为亲密的关系	1. 小组契约书 2. 照片
15	了解组员需求和存在问题	工作人员对准组员提出的问题进行有针对性的解决	了解组员近期的需求和需要解决的问题	1. 笔记本 2. 签字笔
15	游戏环节	培养团队的协作能力，增强团队的凝聚力	组员和工作人员一起做游戏	游戏物资
15	总结分享	总结回顾并预告下一次活动内容	工作人员做总结并邀请组员发表意见等	1. 笔记本 2. 照相机

3. 第三次小组活动

（1）活动时间：12月2日15：00—16：00。

（2）活动目标：组员间互相帮助，进行情感交流。

（3）第三次小组活动具体安排见表4-63。

表4-63　第三次小组活动具体安排

时长/分钟	活动环节	目的	内容	所需物资
15	回顾上次小组活动内容	帮助组员明确自己的问题和需求	工作人员整理好在上次活动中掌握的组员的需求和问题，再由组员分享	笔记本
15	组员互助环节	让组员互相帮助，达到自主解决问题的效果	让组员互相提出自己对问题和需求的建议	1. 照片 2. 笔记本
15	组员互助环节——树叶画	让组员互相帮助，达到自主解决问题的效果	让组员互相帮助完成计划的事情，体验互帮互助的乐趣	1. 彩纸 2. 树叶 3. 水彩笔 4. 笔记本
15	总结分享	总结回顾并预告下一次活动内容	工作人员做总结并邀请组员发表意见等	1. 笔记本 2. 照相机

4. 第四次小组活动

（1）活动时间：12月9日15：00—16：00。

（2）活动目标：巩固已取得的成果。

（3）第四次小组活动具体安排见表4-64。

表4-64　第四次小组活动具体安排

时长/分钟	活动环节	目的	内容	所需物资
15	回顾上次小组活动内容	帮助组员明确自己的问题和需求	工作人员整理好上次活动所掌握的组员的问题和需求，再由组员分享	笔记本
15	组员互助环节	让组员互相帮助，达到自主解决问题的效果	让组员互相提出自己对问题和需求的建议	1. 照片 2. 笔记本
15	互动环节	提高团队的协作能力，建立认同感	组员和工作人员互动，主要做音乐照顾	音乐
15	总结分享	总结回顾并预告最后一次活动内容	工作人员做总结并邀请组员发表意见等	1. 笔记本 2. 照相机

5. 第五次小组活动

(1) 活动时间：12月16日15：00—16：00。

(2) 活动目标：处理离别情绪并巩固交流成果。

(3) 第五次小组活动具体安排见表4-65。

表4-65　第五次小组活动具体安排

时长/分钟	活动环节	目的	内容	所需物资
15	回顾上次小组活动内容	帮助组员明确自己的问题和需求	组员解决自己的问题，工作人员帮忙协调资源，提供场地	笔记本
15	组员互助环节——彩纸门窗制作	让组员制作不同风格的彩纸，带动组员参与活动的积极性	让组员按照自己喜欢的形状制作个性化的彩纸门窗	1. 卡纸 2. 水彩笔 3. 剪刀 4. 胶棒 5. 笔记本
15	互动环节	提高团队的协作能力，建立认同感	组员和工作人员互动，主要做音乐照顾	音乐
15	总结分享	总结回顾所有活动并举行活动结束仪式	工作人员做过程性总结并邀请组员发表意见，调查老年人参与活动的满意度	1. 笔记本 2. 照相机 3. 满意度调查表

(八) 工作进度

工作进度见表4-66。

表4-66　工作进度

日期	任务
10月中旬	完成活动策划方案
10月下旬	活动内容定稿
10月25日	会场清扫、家具摆放
10月26日	物资采购
10月30日	会场布置
11月中旬	活动展开、记录现场照片并进行现场满意度调查
11月中旬	总结活动经验，完善策划方案
11月下旬	开展下一轮活动
12月中旬	结束并总结活动

(九) 风险评估和解决方案

风险评估和解决方案见表 4-67。

表 4-67　风险评估和解决方案

风险评估	解决方案
小组成员无法按时到场	提前通知到位并申请护理员配合
小组成员中途退场	先劝解，然后再找出退场原因并尽力解决问题
小组成员身体不适	成立一个医疗小组，准备一些医用药品（如创可贴、纱布、云南白药、藿香正气水等）
小组活动过程中突然停电	先安排秩序维护人员安抚小组成员的情绪，以免发生意外事故，注意维护好现场的秩序。再由工作人员检查电闸，确认全场停电是否与跳闸有关。若停电情况属实，安排工作人员对小组成员进行疏散
小组活动过程中遇到自然灾害，如地震	由活动负责人组织紧急疏散
小组活动过程中发生火灾	紧急疏散人员，并拨打火警电话119

(十) 活动预算

活动预算见表 4-68。

表 4-68　活动预算

物品	单价/元	数量	费用/元
彩纸	1.00	30 张	30.00
剪刀	2.00	5 把	10.00
水彩笔	25.00	2 支	50.00
胶棒	2.00	5 支	10.00
合计			100.00

向日葵社会交往小组活动策划书

(一) 小组名称

小组名称：向日葵。向日葵向阳而生，金黄的颜色给人以温暖、舒适的感觉，让人充满生机与活力，它的花语也极富积极意味，寓意内心有坚定信念的人能够勇敢追求自己想要的生活，用积极的心态面对所有困难，勇往直前。向日葵是光明和神圣的代表，它象征着健康、快乐、活力。它的外表并不突出，但却有着独特的魅力，吸引了无数人的目光。

(二) 小组活动背景及理论依据

1. 活动背景

为满足老年人的娱乐需求，丰富他们的日常生活，提高他们的生活质量，特拟定了本策划书。

本策划书围绕前期与老年医学科康养负责人的访谈展开，整理访谈内容后获得以下信息：

（1）××机构中大部分老年人患有慢性老年疾病，不能进行运动量较大的活动。所以在娱乐设置方面较为单一，只有打麻将和八段锦两种娱乐活动。

（2）由于该机构的大多数老年人入住时间并不长，老年人相互之间并不是十分熟悉，且因为相关娱乐活动较少，开展形式单一，导致老年人活动范围较小，平常多待在自己的房间里。

鉴于以上情况，本小组计划以"康乐"为重点开展专业小组活动，满足老年人对康养娱乐、健康生活的需求。

2. 理论依据

（1）马斯洛需求层次理论。

马斯洛认为，所谓"归属和爱的需求"是指人们都渴望与他人建立并保持一种感情深厚的关系，渴望在团体中有一个属于自己的位置，渴望给予爱并接受爱。由于存在退休问题，大多数老年人都要面对离开原工作单位的处境，这在一定程度上打破了他们对原单位的归属感。从开放的工作范围退缩到相对封闭的家庭，老年人会更加渴望与家人保持异常深厚的关系。家庭是人类情感最密集的场所，老年人是家庭不可分割的一部分，而老年期是个体生命发展过程中的特殊阶段。他们为自己的职业画上了句号，原本家庭生活的重心——子女亦已成年。因此，人们不禁困惑，老年人是否还包含自我完善的潜在可能？这个答案是肯定的。因为老年人同样有自我实现的需求。很多老年人退休后有这样的感受："一退下来，感觉老得特别快，甚至有退出历史舞台的感觉。"这种感觉在一定程度上是由于社会各界忽视了老年人的自我实现需求而造成的。

研究表明，老年人如果量力而行，适当参与社会活动，可在一定程度上缓解和避免孤独感、失落感，有利于自身的健康长寿，而且还有利于社会的发展。相反，如果社会不能满足老年人的发展需求，活水将变成死水，徒增社会负担。《老年人权益保障法》中所指的"老有所为，老有所学"就是对老年人自我实现需求的强调。只是，由于社会中依然存在诸如"年龄大了，难有作为""老年人老有所为，岂不是要与年轻人争饭碗"等错误认识，加之在发挥老年人作用方面，国家的政策规定和组织管理尚不完善。因此，相比其他需求，我国老年人的自我实现需求更容易被忽视，其满足情况不容乐观。就现实情况来看，我国老年人的需求满足状况呈阶梯状分布，越低层次需求的满足状况越理想。相对于生理需求和安全需求，爱与归属需求和尊重需求以及自我实现需求更容易为人们所忽略。

（2）活跃理论。

活跃理论认为，老年人的生理、心理及社会的需求，不会因为生理、心理及身体健康状况的改变而改变，一个人到老年时仍然期望积极参加社会活动，保持中年时期的生活形态，维持原有角色功能，以证明自己仍未衰老。其实参加小组活动也是社交活动的一种。在小组中，组员可以在一个十分活跃、轻松的环境下进行交流。在小组活动中与他人交流，从而产生信任的过程，可以帮助老年人建立一个良好的社交支持网络。

(3) 社会活动理论。

社会活动理论认为：

①活动水平高的老年人比活动水平低的老年人更容易对生活感到满意，并更能够适应社会。

②老年人应该尽可能长久地保持中年人的生活方式以否定老年的存在；用新的角色来取代因丧偶或退休而失去的角色，从而把自身与社会的距离拉近。

无论从医学和生物学的角度，还是从日常生活的观察，都表明"用进废退"基本是生物界的一个规律。因此，社会工作者不仅要在态度和价值取向上鼓励老年人积极参与他们力所能及的一切社会活动，而且更需要为老年人的社会参与提供更多的机会和条件。

（三）小组活动目的、意义及目标

1. 活动目的

（1）不仅为居住在该机构的老年人带去了心灵关怀，还加强了与他们的联系，提高他们的人际交往能力。

（2）帮助老年人了解康养健康小游戏，增加他们的乐趣，提高他们的生活质量。

（3）适当增加老年人的活动量，改善老年人娱乐内容匮乏的情况，引导老年人自主培养兴趣，丰富晚年生活。

2. 活动意义

老年人参加小组活动，有益于适当增加活动量，促进身心健康，促使老年人之间建立亲密关系的建立；有益于老年人之间在今后的生活中的和睦相处，互相学习和陪伴；有益于老年人增强自我认同感和自尊心；有益于老年人在小组活动中重建对美好生活的向往。

3. 活动目标

（1）总目标：丰富机构老年人的生活，增进老年人之间的友谊并拓宽他们的生活圈，满足他们对娱乐生活的需求。

（2）分目标：老年人在小组活动过程中学会两种手工折纸方法，学会利用黏土制作两种手工艺品，工作人员在小组活动期间带领老年人体验三种游戏玩法。

（四）小组成员

1. 组员特征

该机构老年医学科共入住老年人32人，其中男性老年人19人，女性老年人13人；自理老年人6人，半自理老年人20人，失能老年人6人；患有糖尿病的有5人，患有高血压的有13人，有贫血现象的有3人。入住该机构的老年人普遍偏高龄，平均约80岁。其中大部分老年人接受过高中及以上教育。

2. 组员的问题和需要

通过与科室负责人的前期对接，了解到该科室已入住的老年人中以半自理老年人居多。但是由于老年人年龄偏高，肢体活动能力较差，设计活动时需要考虑安全性，避免由于活动过多增加老年人的生理负担。该机构开展活动经验不足，没有相关专业人员指导。在开展小组活动时需要工作人员耐心细致地与老年人进行沟通与说明，并且结合老年人实际需求情况，进行小组活动的设置。该机构已有的活动类型较少，在小组活动设计方面应尽量丰富，这样容易引起老年人的兴趣。该机构中的较多老年人患有高血压、糖尿病等常见病,在小组活动中应注意观察他们在活动中的表现,注意他们是否存在生理和心理上的不适,以便及时处理。

(五)小组特征

(1) 小组名称:向日葵。

(2) 小组性质:半封闭式康乐性小组。

(3) 小组持续期:11月14—12月5日,共4次。

(4) 小组规模:8~10人。

(5) 活动对象:已入住××机构并且有相关需求的老年人。

(6) 活动地点:××机构活动室。

(7) 小组活动进程见表4-69。

表4-69 小组活动进程

序号	活动日期	活动主题内容
1	11月14日	主题一:来,我们一起玩儿 具体内容: 1. 破冰游戏"花落谁家",组员自我介绍; 2. 制作座位牌; 3. 了解主题,制定小组契约; 4. 音乐照顾; 5. 带领组员手工制作"莲花"
2	11月21日	主题二:团结互助,建立友好关系 具体内容: 1. 音乐照顾,并邀请自愿上台的组员带领小组其他成员一起做音乐照顾; 2. "肩并肩携手同行"小游戏; 3. 分享游戏感受; 4. 带领组员手工制作"皮卡丘"书签
3	11月28日	主题三:老年多彩生活齐分享 具体内容: 1. 音乐照顾,并邀请自愿上台的组员带领小组其他成员一起做音乐照顾; 2. "粗中有细"小游戏; 3. 带领组员手工制作"糖果"
4	12月5日	主题四:回顾前期音乐照顾,举行结束仪式 具体内容: 1. 音乐照顾,并邀请自愿上台的组员带领小组其他成员一起做音乐照顾; 2. 通过活动实物,重温小组活动内容; 3. 带领组员手工制作"甜甜圈"; 4. 请组员谈谈自己的收获、体会,并分发礼品,告知组员这是最后一次小组活动,处理离别情绪

(六)组员招募计划

(1)联系志愿者,取得工作人员的支持,使其帮助本小组进行活动宣传和招募。

(2)小组工作人员与老年人进行实地访谈,了解老年人的相关需求,并简单向老年人介绍活动的主旨和目标,再分发邀请函,邀请老年人报名参加。

(七)具体活动计划

1. 第一次小组活动内容

第一次小组活动内容见表4-70。

表4-70 第一次小组活动内容

时间	活动目的	活动详细内容	活动所需物资
15:00—15:10	组员相互认识并阐述活动目的	主持人开场白(小组工作人员自我介绍),音乐照顾	1. 话筒 2. 音响
15:10—15:20	组员相互熟悉,建立信任关系	1. 破冰游戏"花落谁家"——组员自我介绍,由工作人员抛花选出第一个进行自我介绍的组员,然后由第一个介绍结束的人继续抛花选出下一个进行自我介绍的人,以此类推; 2. 在这个过程中,工作人员要注意观察现场情况,避免发生组员重复介绍或未进行自我介绍的现象,让组员在破冰阶段产生尴尬或失落感	塑料花
15:20—15:30	让小组活动有序进行,防止小组内部发生矛盾冲突	1. 订立小组契约:通过简单的初步了解,要求组员进行简单的自我管理,制定小组规范,如"每次活动不迟到"等; 2. 通知下次活动的时间以及活动方式等事项	1. 油性笔 2. 彩纸(用于小组契约的简单装饰) 3. 剪刀
15:30—15:40	活动身体,缓解气氛	音乐照顾	1. 话筒 2. 音响
15:40—16:00	提升兴趣	组织组员手工制作"莲花",并将制作好的手工作品摆放在书柜里,作为第一次活动的纪念	彩纸
16:00—16:10	对本次活动进行小结	拍照	手机或照相机

2. 第二次小组活动内容

第二次小组活动内容见表4-71。

表 4-71　第二次小组活动内容

时间	活动目的	活动详细内容	活动所需物资
15：00—15：15	回顾第一次活动内容，活跃小组气氛	音乐照顾	1. 话筒 2. 音响
15：15—15：35	通过互动小游戏，带动现场氛围，提升组员之间的协作能力	1. "肩并肩携手同行"小游戏——在场地摆放一个白板（或者在墙上贴两张彩纸），工作人员在上面画两个大的圆圈，当作是两张人脸，组员闭上眼睛，拿起准备好的笔，在搭档的指点下画出脸上所缺少的眼睛、鼻子、嘴和耳朵。每个组员完成一个部位，直到画完一张脸，然后分享经验； 2. 鼓励组员分享游戏中的感受	1. 白板或彩纸 2. 油性笔
15：35—15：50	增进活动趣味性，提高参与度	组员手工制作"皮卡丘"书签，并将制作好的书签放置在科室的书柜中	1. 彩纸 2. 剪刀
15：50—16：20	对本次活动进行小结	1. 工作人员对本次活动提到的内容进行归纳、总结，并简要介绍下次活动的内容 2. 拍照	—

3. 第三次小组活动内容

第三次小组活动内容见表 4-72。

表 4-72　第三次小组活动内容

时间	活动目的	活动详细内容	活动所需物资
15：00—15：15	活跃小组气氛，增强凝聚力	请老年人自愿上台的组员带领小组其他成员一起做音乐照顾	1. 话筒 2. 音响 3. 奖品
15：15—15：40	增强组员间团结协作的能力，并使组员认识到团结协作的重要性	"粗中有细"小游戏——组员围坐，拉开适当距离，由工作人员提供皮筋，组员依次传递，如果在传递途中皮筋不慎掉落，这一轮的传递重新开始，直到所有组员手里都有两个彩色皮筋，方可宣布游戏结束	1. 小木棒 2. 彩色皮筋
15：40—15：50	组员参与手工黏土制作，提高参与度并增加成就感	组员手工制作"彩色糖果"	彩色黏土
15：50—16：20	对本次活动进行小结，并简要介绍下次活动的内容	1. 组员分享自己对本次小组活动的感受； 2. 工作人员对本次活动提到的内容进行归纳和总结，再简要介绍下次活动内容； 3. 拍照	手机或照相机

4. 第四次小组活动内容

第四次小组活动内容见表4-73。

表4-73 第四次小组活动内容

时间	活动目的	活动详细内容	所需物资
15：00—15：15	活跃小组气氛	引导组员回顾活动中学习过的音乐照顾曲目	1. 话筒 2. 音响 3. 奖品
15：15—15：30	增强组员学习成长的信心和对生活的热爱	观看小组成长记录，让组员共同回顾小组活动内容	1. 投影仪 2. 音响
15：30—15：50	缓解因离别带来的失落情绪	带领组员制作"甜甜圈"	彩色黏土
15：50—15：55	对小组活动进行小结，了解组员在活动过程中的收获	1. 邀请组员谈谈体会，即自己在小组中的收获； 2. 鼓励组员平时也要多发现生活中的美好事物	—
15：55—16：00	处理离别情绪，让组员保持对生活的热爱	分发礼品，举行结束仪式	礼品

（八）工作进度

工作进度见表4-74。

表4-74 工作进度

日期	任务
10月20—28日	制定小组策划书
10月29日—11月10日	修改小组策划书并协调资源
11月11—12日	宣传并招募组员
11月14日—12月5日	开展小组活动
12月5—8日	总结与评估

（九）风险评估和解决方案

风险评估和解决方案见表4-75。

表4-75 风险评估和解决方案

预计困难	解决方案
话筒、音响设备出现故障，短期内无法使用	1. 活动之前提前试用音响、话筒等电子设备，确保设备可以使用； 2. 活动中设备出现故障，小组工作人员活跃现场气氛，由活动负责人联系设备管理人员以便快速进行维修； 3. 若出现不可恢复的状况，则使用提前准备好的其他设备以确保当天的活动顺利开展

续表

预计困难	解决方案
小组成员对小组活动的兴趣不高，如何使他们每次都能参与	1. 及时了解组员每次活动后的感受，调整小组活动计划，尽量使每次小组活动都能真正体现组员的共同意愿； 2. 在每次小组活动中认真观察组员的表现，并且鼓励所有组员积极参与
实际招募的人数不够	发动科室负责人以及护理员帮助宣传并邀请老年人参加
中途有小组成员退出或加入	有些组员可能会中途退出，而有些组员则会在中途要求参与进来，这可能影响整个小组活动的进程。对那些想中途退出的老年人，可以送给他们一些小礼物，以吸引他们继续参与活动。比如小组中有些老年人性格较内向，不爱说话，工作人员要善于观察，积极引导和鼓励，使所有组员都能积极参与小组活动；而对那些中途要求参加的老年人，则要耐心说服他们下次提前报名
在活动过程中，组员突感不适	1. 及时安排工作人员进行照顾并及告知医务人员对组员进行诊疗； 2. 安抚在场组员情绪，维持现场秩序，防止发生混乱
现场布置问题出现意外	若在活动过程中出现装饰品掉落或破损等问题，现场工作人员应及时清理并更换，尽快使现场恢复原样
遇到火灾等险情	活动主要负责人安排老年人紧急撤离，及时告知科室负责人并拨打火警电话119求助

（十）所需物资

小组活动所需物资见表4-76。

表4-76 小组活动所需物资

物品	数量	备注
彩纸	50张	
剪刀	5把	
油性笔	3支	
音响	1组	机构统一提供
话筒	1个	
白板	1块	
彩色黏土	2包	

参 考 文 献

[1] 王伟. 活动创造价值 [M]. 长沙：湖南科学技术出版社，2009.
[2] （南非）戈德布拉特. 活动策划与组织 [M]. 罗秋菊等，译. 北京：中国人民大学出版社，2017.
[3] 金岩. 实用文案活动策划 [M]. 北京：中华工商联合出版社，2014.
[4] 唐东霞. 老年活动策划与组织 [M]. 南京：南京大学出版社，2014.
[5] 何静，周良才. 社会福利机构活动策划与组织 [M]. 北京：电子工业出版社，2015.
[6] 张沙骆，刘隽铭. 老年人活动策划与组织 [M]. 北京：北京师范大学出版社，2017.
[7] 艾伦. 活动策划实战全书 [M]. 卢涤非等，译. 北京：北京教育出版社，2017.
[8] 吴华，张韧韧. 老年社会工作 [M]. 北京：北京大学出版社，2011.
[9] 张稳柱. 活动策划与实战案例 [M]. 上海：上海社会科学院出版社，2013.
[10] 李小明. EPS社会工作介入模式在老年志愿服务能力建设的应用研究 [D]. 桂林：广西师范大学，2016.
[11] 叶釜. 老年志愿服务对老年人继续社会化的功能研究 [D]. 上海：华东理工大学，2011.
[12] 余晓绘. 积极老龄化视域下城市社区老年志愿服务的研究 [D]. 杭州：浙江理工大学，2011.
[13] 孙萌. 社区老年志愿服务的社会工作介入研究 [D]. 呼和浩特：内蒙古师范大学，2019.